Het Oog van Wijsheid

Het Oog van Wijsheid

Verhandelingen over Spiritualiteit

door

Swami Ramakrishnananda Puri

Mata Amritanandamayi Center, San Ramon
Californië, Verenigde Staten

Het Oog van Wijsheid

Verhandelingen over Spiritualiteit
door Swami Ramakrishnananda Puri

Uitgegeven door:
Mata Amritanandamayi Center
P.O. Box 613
San Ramon, CA 94583
Verenigde Staten

——————— *The Eye of Wisdom (Dutch)* ———————

Eerste uitgave door het MA Center: mei 2016

In Nederland:
www.amma.nl
info@amma.nl

In België:
www.vriendenvanamma.be

In India:
www.amritapuri.org
inform@amritapuri.org

Opdracht

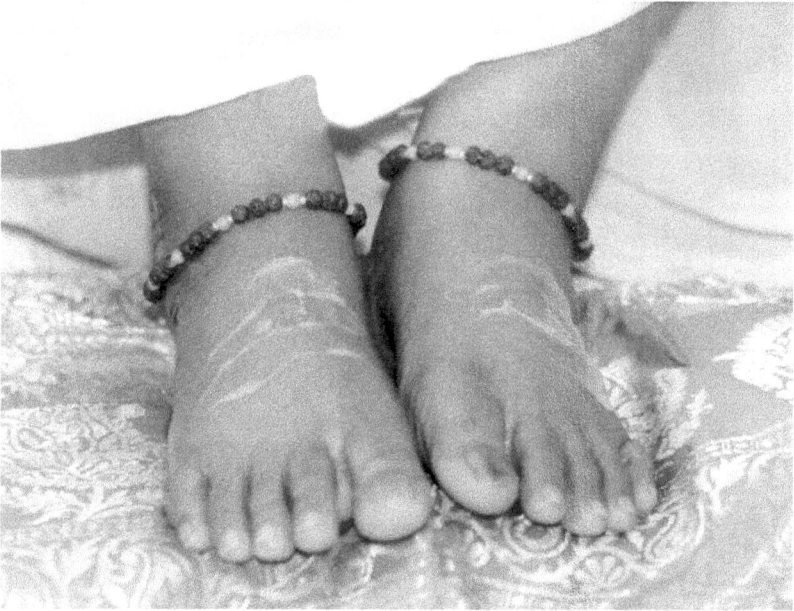

In alle nederigheid draag ik dit boek op aan de
lotusvoeten van mijn geliefde Satguru

Sri Mata Amritanandamayi.

sarvagaṁ saccid ātmānaṁ jñāna cakṣurnirīkṣate
ajñāna cakṣurnekṣeta bhāsvantaṁ bhānum andhavat

Het Atman, het alles doordringende bestaan-bewustzijn
is zichtbaar voor degene die het oog van wijsheid heeft.

Degene van wie het zicht verduisterd is door
onwetendheid, neemt het Atman niet waar, net zoals
een blinde het schijnen van de zon niet waarneemt.

– Atma Bodha Dipika (65)

Inhoud

Voorwoord

Enkele jaren geleden, tijdens Amma's tournee door Australië, was ik in gesprek met enkele toegewijden van Amma, terwijl Amma zelf een eindje verder darshan aan het geven was. Plotseling riep Amma me bij zich. Toen ik haar naderde, gooide ze bloemblaadjes over me heen om me te zegenen en zei: "Zeg, vandaag is het je verjaardag, nietwaar?"

Ik vertelde Amma dat ik dat in alle oprechtheid niet wist. In India hebben mensen niet alleen een geboortedatum, maar ook een geboortester. Deze geboortester verschijnt een of soms twee keer per maand. Verjaardagen worden gevierd op de dag dat de geboortester verschijnt in de maand waarin men geboren is. Daarom is de feitelijke datum van de verjaardag van jaar tot jaar verschillend. Hoewel ik Amma voorheen mijn geboortester verteld had, had ik in al deze jaren niet één keer mijn verjaardag aan Amma of iemand anders in de ashram verteld. Hoewel ik in de loop der jaren erg veel bewijzen van Amma's alwetendheid heb gezien , was ik nog steeds verbaasd dat ze dit wist en diep geraakt dat ze eraan dacht om het te noemen. Terwijl Amma mij darshan gaf en me een appel voor mijn verjaardag aanbood, herinnerde ik me de verklaring in de geschriften dat een ware meester in staat is om verleden, heden en toekomst van alle levende wezens te zien. En hoewel Amma zoiets nooit zo'n duidelijke bewering over zichzelf zou doen, liet ze me op haar onnavolgbare, onopvallende, een-oogknippering-en-je-hebt-het-gemist manier weten, dat ze niets mist en nooit iets gemist heeft.

Dat was het moment waarop voor het eerst de gedachte in me opkwam om een boek te schrijven over de manier waarop Amma de wereld ziet. Natuurlijk kan ik niet als een gezaghebbende bron over dit onderwerp beschouwd worden. Men kan niet verwachten exact te kunnen begrijpen of uitleggen hoe iemand anders, en zeker niet een spiritueel meester van Amma's kaliber, de wereld ziet. En toch heb ik, na dertig jaar bij Amma wonen, aan haar voeten zitten, haar uit de verte gadeslaan en haar leiding bij grote en kleine aangelegenheden ontvangen te hebben, het gevoel dat ik, hoe beperkt ook, iets heb aan te bieden over dit onderwerp. Door kleine aanwijzingen, door gevolgtrekkingen en door ervaring heb ik een begin gemaakt met het in elkaar passen van de puzzelstukken. Dit weet ik zeker: haar visie komt echt vanuit het transcendente en gaat verder dan alles wat we kunnen bevatten, dan alles waarvan we gedroomd hebben, verder dan wat dan ook. Hier schieten woorden tekort. Toch probeert Amma het aan ons uit te leggen en we doen er goed aan om te proberen haar te begrijpen.

In de *Bhagavad Gita* (2.29) zegt Sri Krishna,

aścaryavat paśyati kaścid-enam
āścaryavad vadati tathaiva cānyaḥ
āścaryavaccainam anyaḥ śṛṇotī
śrutvāpyenaṁ veda na caiva kaścit

De een ziet het Atman (Ware Zelf) als een wonder; de ander noemt het een wonder; weer een ander hoort over het Atman als een wonder; en weer een ander kent het helemaal niet, hoewel hij erover hoort.

Tijdens Amma's meest recente Noord-Amerikaanse tournee, brachten we in Seattle de tijd tussen de ochtend- en de avond-programma's door in het appartement van een toegewijde. Hier hadden we uitzicht over een prachtig meer. Achter het meer ver-hief zich de met sneeuw bedekte Mount Rainier. Toen Amma's helpster dit uitzicht zag, liet ze de ramen open, zodat ook Amma een glimp van dit schilderachtige uitzicht kon opvangen. Maar toen Amma de kamer binnenkwam en haar helpster poogde om haar naar de berg te laten kijken, keek ze zelfs niet op van de brief die ze aan het lezen was.

Haar helpster drong aan: "Amma, kijk alstublieft even. Het duurt maar een ogenblik. Het is zo mooi."

Tenslotte antwoordde Amma: "Voor Amma is zowel het uiterlijke als het innerlijke prachtig."

In werkelijkheid is niets mooier en gelukzaliger dan het Atman. Voor een ware meester zoals Amma, die verblijft in het Zelf, is niets anders nodig.

Swami Ramakrishnananda Puri
Amritapuri
27 september 2007

Sri Mata Amritanandamayi

Een Inleiding

Sri Mata Amritanandamayi Devi ofwel Amma (Moeder), zoals ze meer algemeen bekend is, heeft zichzelf door haar buitengewoon liefdevolle en zelfopofferende daden bij miljoenen mensen over de hele wereld geliefd gemaakt. Teder streelt ze alle mensen die bij haar komen. Ze houdt hen in een liefdevolle omhelzing dicht bij haar hart. Zo deelt Amma haar grenzeloze liefde met alle mensen, ongeacht hun geloof, wie ze zijn of waarom ze naar haar gekomen zijn. Op deze eenvoudige, maar krachtige wijze transformeert Amma de levens van talloze mensen. Terwijl ze hen omhelst, laat ze hun hart opengaan. In de afgelopen 36 jaar heeft Amma meer dan 26 miljoen mensen uit alle delen van de wereld geknuffeld.

Haar onvermoeibare toewijding om anderen te ondersteunen is de inspiratie geweest voor een uitgebreid netwerk van liefdadigheidswerken, waard. Hierdoor ontdekken mensen het diepe gevoel van vrede en vervulling, dat ontstaat uit onzelfzuchtige dienstbaarheid aan anderen. Amma onderwijst dat het Goddelijke in alles, bezield of onbezield, aanwezig is. Het waarnemen van deze onderliggende eenheid in alle dingen is niet alleen de essentie van spiritualiteit, maar ook het middel om aan alle lijden een einde te maken.

Amma's onderricht is universeel. Wanneer haar vragen gesteld worden over haar religie, antwoordt ze dat haar religie Liefde is. Ze vraagt niemand om in God te geloven of om van geloof te veranderen. Ze vraagt mensen alleen om hun eigen ware natuur te onderzoeken en om in zichzelf te geloven.

Hoofdstuk 1

Het perfecte gezichtsvermogen

*"Ieder mens beschouwt de grenzen van zijn eigen
gezichtsveld als de grenzen van de wereld."*

— Arthur Schopenhauer

In de wereld van vandaag bestaat zoveel eenzaamheid en verdeeldheid dat we het vanzelfsprekend zijn gaan vinden dat
dit zo is. En toch zijn we allemaal bekend met het idee van een
utopische menselijke beschaving die in het verre verleden heeft
bestaan of die in de niet al te verre toekomst zal terugkeren.
Natuurlijk zijn er de verhalen over het mythische eiland Atlantis,
dat voor altijd op de bodem van de zee is verborgen. Er is de fic-
tieve legende over Shangri-la, een vallei waar vrede en harmonie
heersten en die volkomen van de buitenwereld was afgesloten. De
Griekse dichters hadden hun Gouden Eeuw. En de Hindoeïstische
Purana's verdelen de geschiedenis van de mensheid in vier *yuga's*
of tijdperken. Het oudste tijdperk is de *Satya Yuga* (het tijdperk
van Waarheid) waarin de mensen in perfecte harmonie met elkaar
en met de natuur leefden en overal vrede heerste. Maar hoewel
het concept van Satya Yuga geen mythe is, is dit tijdperk wel erg
lang geleden.

   Toch willen we allemaal een wereld zien die vrij is van oorlog,
sociale onrust, corruptie, ziekte, armoede en hongersnood. Het
is ironisch dat we tegenwoordig in het nieuws vanuit alle hoeken
van de aardbol vrijwel alleen zulke situaties te zien krijgen. Er is

een enorm gat tussen de idealen die de mensheid voor zichzelf gesteld heeft en de realiteit van de wereld om ons heen. Met de hedendaagse technologie leven we letterlijk in een wereldwijd dorp. Maar er zijn zoveel mensen op de wereld met zoveel conflicterende belangen, doelen en idealen, dat de grootste uitdaging van onze tijd is om gewoon te leren hoe we met elkaar in harmonie kunnen leven. De techniek heeft van de wereld een kleinere plaats gemaakt, maar ze kan de culturele en ideologische conflicten die het gevolg zijn van onze recent verworven onderlinge nabijheid, niet genezen. Het lijkt er in rap tempo op dat de eens zo speelse woorden van Ralph Waldo Emerson: "Het menselijke ras zal uiteindelijk uitsterven vanwege zijn beschaving" meer profetisch blijken dan zijn tijdgenoten zich konden voorstellen.

Deze verdeeldheid bestaat niet alleen tussen verschillende naties en volken, maar zelfs tussen naaste familieleden. Eens kwam ik in een tijdschrift de volgende door een klein meisje geschreven brief tegen:

"Lieve God,
Ik wed dat het erg moeilijk voor U is om van iedereen op de wereld evenveel te houden. In ons gezin zijn maar vier mensen en ik kan niet altijd van hen allemaal houden."

Amma zegt: "Als er in een gezin vier mensen zijn, leeft ieder van hen als op een geïsoleerd eiland. Er is dan geen hartelijke communicatie tussen hen." Om deze kwestie toe te lichten, vertelt zij het volgende verhaal.

Een gezin van drie personen deelde samen slechts één auto. Op een avond wilde de vader naar een film, de moeder gaan winkelen en hun zoon een concert bezoeken. Iedereen probeerde de anderen over te halen om mee te gaan in zijn of haar wens. Tenslotte ontstond er onenigheid tussen hen. Het eindigde ermee dat niemand ergens heen ging. In feite was er een makkelijke oplossing mogelijk: de zoon had zijn vader kunnen afzetten bij de bioscoop en zijn moeder bij het winkelcentrum. Daarna had hij naar het concert kunnen gaan. Op weg naar huis had hij zijn ouders weer op kunnen halen. Maar omdat geen van hen bereid was om rekening te houden met de wensen van de anderen, ontging de praktische oplossing hen.

Sommige mensen zijn in staat om het grote geheel, het macroperspectief, in het leven te zien, maar hun preoccupatie ermee heeft vaak tot gevolg dat zij de kleine dingen die een groot verschil maken, over het hoofd zien: een liefhebbende glimlach, een troostend woord of een zorgzame handeling. Over zo iemand zegt men: "Hij houdt van de mensheid, maar hij haat mensen."

Anderen zijn geneigd om het microperspectief te zien, maar door hun preoccupatie daarmee hebben ze vaak een beperkte kijk op het leven. Zij richten zich vaak te veel op één taak of op één gebied, zonder daarbij de samenhang met al het andere in het oog te houden.

Amma vertelt een verhaal om dit punt te illustreren. Er was eens een man die de opdracht kreeg om de witte lijnen op het midden van de snelweg te schilderen. Op zijn eerste dag schilderde hij 10 kilometer; de dag daarna 5 kilometer; de daarop volgende dag minder dan een kilometer. Toen de voorman aan deze nieuwe arbeider vroeg waarom hij iedere dag minder schilderde, antwoordde deze gefrustreerd: "Ik kan het gewoon niet beter doen. Iedere dag ben ik verder van de verfbus verwijderd."

Evenzo kunnen de meesten van ons de wereld alleen vanuit hun eigen perspectief zien en niet vanuit dat van een ander; ook kunnen we het geheel niet zien. Terwijl Amma het geheel ziet en haar bewustzijn tegelijkertijd uitgaat naar ieder individu afzonderlijk als een deel van dat geheel. Deze holistische visie, of *samasthi drishti*, is niet gewoon een kwestie van gerichtheid op het grote in plaats van op het kleine. Ze is gebaseerd op het

17

fundamentele spirituele principe dat het Allerhoogste Bewustzijn het universum doordringt als de ene levensdraad, de *Sutratma*, die alle wezens en alle dingen met elkaar verbindt. Amma zegt: "Liefde is de manifestatie van het Ware Zelf. Liefde verbindt de gehele schepping in één enkele draad. Daarom zegt men dat God Liefde is."

In de *Bhagavad Gita* (7.7) zegt Sri Krishna,

mattaḥ parataraṁ nānyat kiṁcid asti dhanaṁjaya
mayi sarvam idaṁ protaṁ sūtre maṇigaṇā iva

Er is niets hoger dan Mij, o Dhananjana.
Dit alles is op Mij aaneengeregen, als reeksen edelstenen aan een draad.

Vanuit haar universele perspectief zegt Amma dat de problemen die wij in de wereld van vandaag zeer duidelijk zien, enkel de tastbare manifestaties van de problemen in de geest van individuele mensen zijn. We vergeten vaak dat het geheel slechts een samensmelting is van de delen, waaronder ook ieder van ons. "De maatschappij is samengesteld uit individuen," vertelt Amma ons. "Het conflict in de individuele geest manifesteert zich naar buiten toe als oorlog. Als individuen veranderen, zal de maatschappij automatisch veranderen. Net zoals haat en wraakgevoelens in de geest kunnen bestaan, zo kunnen ook vrede en liefde in de geest bestaan." En in haar toespraak tot de Verenigde Naties in 2000 wees Amma erop dat "het conflict in de maatschappij ontstaat uit het conflict in het individu."

Daarom is de geest van ieder individu de beslissende factor voor de kwaliteit van de wereld waarin wij leven. De onzichtbare zaadjes van de concrete problemen in de wereld bevinden zich in de harten van de mensen. Daarom is het naast het bestrijden van de fysieke symptomen die aan de oppervlakte van de maatschappij duidelijk blijken, evenzeer belangrijk om de bron van deze problemen in onszelf te onderzoeken. Als het conflict in onze geest opgelost kan worden, dan kunnen mensen overal ter wereld genieten van meer vrede en voorspoed.

Wanneer we ons gezichtsvermogen laten onderzoeken, worden ons vanaf de andere kant van de kamer kaarten getoond met letters en getallen. Ons gezichtsvermogen wordt dan beoordeeld op basis van hoe goed we kunnen zien op een afstand van 6 meter, vergeleken met hoe goed een persoon met een perfect gezichtsvermogen op die afstand kan zien. Deze meting wordt de Snellen-fractie genoemd, naar de Nederlandse oftalmoloog Herman Snellen. Deze ontwikkelde de klassieke letterkaart in 1863. Sindsdien is men gaan erkennen dat de Snellen-fractie "6/6" een perfect gezichtsvermogen betekent.

Snellen bepaalde de maat van de letters op zijn testkaart door het gezichtsvermogen van een groot aantal van zijn patiënten te vergelijken met het gezichtsvermogen van zijn assistent, die voorwerpen op afstand heel scherp kon zien. Historische verslagen leggen echter niet uit hoe Snellen wist dat zijn assistent een "perfect" gezichtsvermogen had. Dit betekent dat onze standaard voor een perfect gezichtsvermogen gebaseerd is op de scherpte van het gezichtsvermogen van slechts één mens, die meer of minder willekeurig gekozen werd omdat hij toevallig in de buurt was van de wetenschapper die het meetsysteem ontwikkelde. En toch accepteert iedereen de meting van Snellen als de perfecte standaard van de helderheid en kracht van ons gezichtsvermogen.

Op dezelfde manier accepteren wij allemaal dat er een perfecte manier bestaat om met gezond verstand naar de wereld om ons heen te kijken, ondanks het feit dat we weten dat onze menselijke zintuigen zeer beperkt zijn. Zelfs binnen het onmiddellijke bereik van ons fysieke lichaam is zoveel waarvan we ons niet bewust zijn. Op veel niveaus geven zelfs honden blijk van een groter bewustzijn van hun omgeving. Er zijn geluidsfrequenties die niet waarneembaar zijn voor het menselijk oor, maar die een hond duidelijk kan horen. Een hond kan een groot spectrum van geuren waarnemen die wat ons betreft helemaal niet bestaan. En in India zegt men zelfs dat een hond subtiele wezens kan waarnemen die voor het menselijke oog onzichtbaar zijn; dit verklaart waarom honden soms zonder aanwijsbare reden blaffen.

Ook is er het weinig bekende feit dat vergeleken met het aantal menselijke slachtoffers bij de tsunami in Azië in 2004 er bijna geen dieren gewond waren. Het leek alsof in heel Zuid-Azië de dieren de ramp voelden aankomen en naar hoger gelegen gronden trokken. In verscheidene gevallen namen toeristen in wildparken waar dat olifanten in de richting van de heuvels gingen en vonden ze het verstandig om in hun voetstappen te volgen; deze beslissing maakte het verschil uit tussen leven en dood.

Het is duidelijk dat dieren op bepaalde manieren fijner ontwikkelde zintuigen hebben dan wij. En we kunnen zeker ook aannemen dat er individuen zijn met zintuigen die subtieler zijn afgestemd dan de onze. Is het niet mogelijk dat er mensen zijn met een meer ontwikkelde manier van kijken naar de wereld, net zoals er wellicht mensen zijn met een beter gezichtsvermogen dan de assistent van Herman Snellen?

Vanuit een praktisch oogpunt kunnen we gemakkelijk zien dat Amma's manier van kijken naar de wereld veel efficiënter en weldadiger is en verder gaat dan onze eigen manier van kijken. Amma ziet haar eigen bewustzijn in iedereen. "Je bent niet anders dan ik," zegt ze. "Jij en ik zijn één." Vanwege dit perspectief is Amma in alle situaties perfect in vrede en is ze in staat om deze vrede over te dragen op iedereen die ze ontmoet. Wanneer we geen enkel verschil zien tussen onszelf en anderen, hoe kunnen we hen dan haten? Hoe kunnen we hen dan veroordelen? We kunnen alleen maar van hen houden. Omdat Amma iedereen ziet als een uitbreiding van zichzelf, kan ze niet anders dan haar handen uitsteken om te liefkozen en te troosten naar iedere persoon die ze tegenkomt. Ongeacht de schijnbare uiterlijke verschillen is er slechts één onderliggend Bewustzijn. Amma legt uit: "Wat de kleur van de koe ook is, de melk is altijd wit. Zo is ook het verlichtende Bewustzijn één en hetzelfde, onafhankelijk van cultuur en karakter van de persoon." Amma's visie op eenheid is in feite de essentie van spiritualiteit. Amma wenst ons allemaal deze visie toe, omdat zij weet dat het waarnemen van deze realiteit het enige is wat ons vrede zal brengen, ons als individu en de wereld.

Welke visie is beter in deze wereld waarin zoveel geweld, haat, godsdienstige geschillen en culturele conflicten zijn, onze wereld van verschillen en verdeeldheid of de wereld van de *mahatma*[1] die een wereld van onderlinge samenhang en eenheid is? Mijn idee is dat de mahatma's het echte 6/6 gezichtsvermogen hebben en dat wij allemaal onze kijk op het leven moeten meten aan hun gouden standaard. Op deze manier kunnen wij ons perspectief zeker verbreden en de wereld en onszelf kristalhelder gaan zien.

[1] Letterlijk: "grote ziel." Hoewel deze term tegenwoordig in een bredere betekenis gebruikt wordt, verwijst mahatma in dit boek naar iemand die rust in de kennis dat hij één is met het Universele zelf of het Atman.

Hoofdstuk 2

Kastelen van zand en steen

"De realiteit is louter een illusie, maar wel een hardnekkige."

— Albert Einstein

"Ik droomde dat ik een vlinder was en door de lucht fladderde; daarna werd ik wakker. Nu vraag ik me af: ben ik een man die droomde dat hij een vlinder was of ben ik een vlinder en droom ik dat ik een man ben?"

— Chuang Tsu

Een op lijnvluchten vliegende piloot had een slecht gezichtsvermogen. Hij was er in geslaagd om de periodieke onderzoeken van zijn gezichtsvermogen met succes te doorlopen door de letterkaarten van te voren goed in zijn geheugen te prenten. Op een keer gebruikte de arts echter een nieuwe kaart, die de piloot nog nooit gezien had. Hij ging door met het opzeggen van de oude kaart en de arts realiseerde zich dat ze voor het lapje gehouden was.

In feite bleek de piloot bijna blind te zijn. De dokter kon haar nieuwsgierigheid niet bedwingen. "Hoe kan iemand met uw gezichtsvermogen het voor elkaar krijgen om een vliegtuig te besturen?"

"Och, tegenwoordig is alles automatisch. De vluchtcomputer kent onze bestemming. Ik hoef alleen maar de autopiloot aan te zetten en dan vliegt het vliegtuig vrijwel zelfstandig."

"Dat kan ik begrijpen," antwoordde de arts. "Maar hoe gaat het dan bij de start?"

"Dat is makkelijk. Ik stuur het vliegtuig langs de baan, ik druk het gaspedaal helemaal in, trek de stuurknuppel achteruit en dan stijgen we op!"

De dokter protesteerde: "Ik zie echter nog steeds niet hoe je weer landt!"

"O, dat is het gemakkelijkste van alles. Het enige wat ik doe is gebruik maken van de aanwijzingen die via de radio van het vliegveld gegeven worden om op de juiste landingsbaan terecht te komen. Dan neem ik gas terug en wacht tot de copiloot een verschrikte kreet slaakt. Daarop trek ik de neus van het vliegtuig omhoog en dan landt het vliegtuig volkomen veilig."

Iedereen heeft zijn eigen manier om ervaringen, mensen en de dingen van de wereld te bekijken en te evalueren. Maar, hoewel ons perspectief voor ons perfect waar kan zijn, hoeft dit voor anderen niet zo te zijn. Twee verschillende mensen in dezelfde omgeving kunnen in twee totaal verschillende werelden leven.

De geschriften van *Sanatana Dharma*[2] beschrijven drie niveaus van werkelijkheid. Dit zijn *pratibhasika satta* (schijnbare werkelijkheid), *vyavaharika satta* (empirische of relatieve werkelijkheid) en *paramarthika satta* (absolute werkelijkheid). Voor ons doel zal ik naar deze werkelijkheden verwijzen als de subjectieve, de objectieve en de ultieme werkelijkheid.

Subjectieve werkelijkheid verwijst naar ervaringen die alleen realiteit hebben voor degene die ze ervaart en voor niemand anders. Voorbeelden van subjectieve werkelijkheid zijn dromen, hallucinaties en visioenen. De subjectieve werkelijkheid van de ene persoon kan heel anders zijn dan die van een andere persoon;

---

[2] Sanatana Dharma is de oorspronkelijke en traditionele benaming van het Hindoeïsme. Het betekent: "De eeuwige manier van leven".

wat voor de een werkelijk lijkt, zal bij de ander niet eens in zijn fantasie voorkomen.

Op zekere dag was een psychiater in een psychiatrisch ziekenhuis zijn langdurige patiënten aan het evalueren om na te gaan of zij eraan toe waren om in de maatschappij terug te keren. "Zo, ik zie op uw kaart dat is voorgesteld om u te ontslaan," zei de psychiater tegen een van zijn patiënten. "Hebt u enig idee wat u zou kunnen gaan doen na uw ontslag?"

"Wel, ik ben op een school voor machinebouw geweest," antwoordde de patiënt bedachtzaam. "Dat is nog steeds een goed werkterrein. Aan de andere kant, dacht ik dat ik een boek zou kunnen schrijven over mijn ervaringen hier in het ziekenhuis."

De psychiater knikte goedkeurend.

De patiënt vervolgde: "Misschien hebben mensen belangstelling voor zo'n boek. Bovendien dacht ik dat ik misschien weer een opleiding zou kunnen volgen en kunstgeschiedenis studeren."

De psychiater knikte weer en gaf als commentaar: "Ja, deze dingen klinken allemaal als intrigerende mogelijkheden."

De patiënt was echter nog niet klaar: "En het beste deel van deze plannen is dat ik in mijn vrije tijd door kan gaan met een theepot te zijn."

Subjectieve werkelijkheid is geheel en al persoonlijk; nabijheid maakt geen verschil. Een droom of een visioen dat de een erg reëel toeschijnt, kan voor een ander geen enkele realiteit hebben, ook al zit deze vlak naast de dromer. We hebben allemaal wel eens de ervaring van een buitengewoon levendige droom gehad. Maar als we proberen om deze droom met iemand anders te delen, merken we vaak dat de ander niet bijzonder geïnteresseerd is. Dit komt omdat de droom voor de toehoorder niet op de werkelijkheid gebaseerd is; het is slechts een verdichtsel van onze eigen verbeelding.

Objectieve realiteit is wat de meeste mensen in hun dagelijkse leven ervaren. Als we op een stoel zitten, begrijpen we dat dit een stoel is en geen ruimteraket. Net zo kan iedereen de warmte van vuur voelen. Niemand zal een brandend huis binnenrennen. Dit is objectieve realiteit. Als mensen je vertellen dat je de realiteit moet accepteren, bedoelen ze dat je de objectieve realiteit van de wereld zoals de meeste mensen dit zien en ervaren, moet accepteren. De meeste mensen zouden zeggen dat de objectieve werkelijkheid de enige werkelijkheid is, het enige wat verkrijgbaar is.

De geschriften zeggen echter dat de objectieve realiteit niet absoluut is, maar slechts in relatieve zin werkelijk is. Alleen omdat iedereen vanuit het standpunt van het fysieke lichaam naar de wereld kijkt, wordt de objectieve realiteit beschouwd als de opperste werkelijkheid. Iedereen heeft het gemeenschappelijke referentiepunt van het fysieke lichaam. Vanuit het standpunt van het fysieke lichaam is het waar dat deze wereld werkelijk is. Als we echter van gezichtspunt veranderen wordt deze wereld onwerkelijk. Bijvoorbeeld, vanuit het standpunt van de dromer heeft de wereld waarin hij wakker is, geen enkele realiteit.

Natuurlijk neemt niemand het referentiepunt van de dromer ernstig, behalve om sympathie te voelen voor iemand die een nachtmerrie heeft. Er is echter een ander referentiepunt dat het waard is om ernstig genomen te worden. Dat is het referentiepunt van de mahatma's. Dit gaat om het derde niveau van werkelijkheid dat in de geschriften beschreven wordt, *paramarthika satta* ofwel de absolute werkelijkheid.

Zowel de subjectieve als de objectieve werkelijkheid zijn geheel afhankelijk van de absolute werkelijkheid. Zonder de absolute werkelijkheid zouden ze niet kunnen bestaan, want deze is de substantie waaruit ze bestaan, maar overstijgt hen ook. Terwijl je dit boek leest, ben je je bewust van je lichaam en van het boek. Misschien ben je zelfs wel dankbaar dat je twee handen hebt om het boek vast te houden en ogen om de woorden te lezen. Maar hoe velen onder ons realiseren zich dat in werkelijkheid het licht het ons mogelijk maakt om te lezen? Op dezelfde manier maakt de absolute realiteit alle vormen van waarneming mogelijk. Als de absolute werkelijkheid afwezig is, dan is alles afwezig. Tegelijkertijd overstijgt de absolute werkelijkheid de waarneming. Laten we er eens vanaf een andere invalshoek naar kijken en het voorbeeld nemen van gouden sieraden en het element goud. Goud is de substantie waaruit alle gouden sieraden bestaan. Zonder het goud zouden de gouden sieraden niet bestaan. Tegelijkertijd overstijgt het goud de sieraden. Of de sieraden nu bestaan of niet, het goud blijft. Aldus is, voor zover het de sieraden betreft, goud de absolute realiteit. De sierende vormen van de sieraden, ring, halsketting, armband, zijn slechts relatief werkelijk.

Amma zegt: "Ik maak geen onderscheid tussen het materiële en het spirituele. De golven en de oceaan zijn niet twee. Het product is niet verschillend van het materiaal waaruit het gemaakt is. Het is alleen maar dezelfde substantie in een andere vorm. Op dezelfde manier zijn de Schepper en de schepping niet twee. Ze zijn één."

Ten opzichte van het lichaam, de geest en het intellect, is het Zuivere Bewustzijn dat hen bezielt, het Atman, de absolute realiteit. Als Bewustzijn aanwezig is, kunnen het lichaam, de geest en het intellect functioneren. Zonder Bewustzijn kunnen het lichaam, de geest en het intellect niet eens bestaan, laat staan functioneren. Maar zelfs als het lichaam, de geest en het intellect verdwijnen, blijft het Bewustzijn. In de *Bhagavad Gita* (10.20) legt Sri Krishna uit:

aham ātmā guḍākeśa sarva-bhūtāśaya-sthitaḥ
aham ādiśca madhyaṁ ca bhūtānām anta eva ca

27

Ik ben het Uiteindelijke Bewustzijn, o Arjuna,
dat verzonken ligt in het hart van alle levende wezens.
Ik ben het begin, het midden en het einde van alle
levende wezens.

Vanwege deze eeuwige aard van bewustzijn kunnen de rishi's
(zieners) naar het Atman verwijzen als absoluut werkelijk. Ze
ontwikkelden een eenvoudige logische test om vast te stellen of
iets waar of werkelijk in de ware betekenis van het woord genoemd
kan worden. Alleen wanneer iets onveranderd bestaat in het
verleden, het heden en de toekomst kan het werkelijk genoemd
worden. Al het andere is slechts tijdelijk of "relatief werkelijk."
Wanneer we bidden: "Leid ons van onwaarheid naar Waarheid,"
bidden we dat we het vermogen ontwikkelen om ons bewustzijn
te verheffen van ons huidige niveau van relatieve werkelijkheid,
onwaarheid, naar het niveau van Zuiver Bewustzijn oftewel de
Allerhoogste Waarheid.

Wanneer we dromen, zijn we ons totaal niet bewust van de
wakende wereld. Maar als we wakker worden, realiseren we ons
dat de droom helemaal niet echt was, maar ons alleen maar echt
toescheen op het moment dat we droomden. Bovendien realiseren we ons dat alles en iedereen in de droomwereld door onszelf
gecreëerd werd.

We weten dat degene die droomde dezelfde is als degene
die nu wakker is, omdat we ons herinneren wat we in de droom
deden en beleefden. Als het twee verschillende entiteiten zouden
zijn, zouden we ons onze dromen nooit herinneren. Natuurlijk
kunnen we ons niet al onze dromen herinneren, maar dat betekent niet dat we de dromer niet zijn. We zeggen ook niet dat we
nooit geboren zijn alleen maar omdat we ons de ervaring van
onze geboorte niet kunnen herinneren. Bovendien, kunnen we
ons alles herinneren wat we gisteren deden?

Als we in de droom ondergedompeld zijn, zijn we ervan overtuigd dat de droomwereld de enige werkelijkheid is. Pas als we wakker worden, komen we los van de identificatie met de droom en identificeren we ons weer helemaal met ons fysieke lichaam en de wereld om ons heen. Met een zucht van opluchting zeggen we tegen onszelf: "Wat ben ik blij dat het niet echt was!"

Ditzelfde concept is van toepassing op ons wakende leven. Op dit moment zijn we er volkomen van overtuigd dat de wakende wereld alles is wat er werkelijk is. Wanneer we echter de absolute werkelijkheid realiseren, die de basis is van de relatieve werkelijkheid waarin we nu gevestigd zijn, realiseren we dat we niet een begrensd individu zijn, maar dat we de Werkelijkheid zelf zijn en dat we zelf de gehele wakende wereld gecreëerd hebben. Dit betekent niet dat de wakende wereld dan verdwijnt zoals de droomwereld verdwijnt voor degene die ontwaakt uit zijn sluimer, maar dat we in staat zijn om de inherente eenheid te zien die de duidelijke diversiteit van de wakende wereld doordringt.

Op een dag ging een koning de grenzen van zijn koninkrijk onderzoeken. Aan een kant werd het koninkrijk begrensd door de zee. De koning stopte een moment om naar twee jongens te kijken, die zandkastelen op het strand aan het bouwen waren. Plotseling ontstond er een conflict; een van de jongens schopte tegen het zandkasteel van de ander. Toen hij op enige afstand de koning zag staan, ging de andere jongen naar hem toe en deed zijn beklag over deze onrechtvaardigheid. De koning lachte om de jongen dat hij zo verstoord was vanwege een paar zandkastelen. Hij bleef lachen totdat zijn spiritueel raadsman opmerkte: "Als u oorlogen voert en slapeloze nachten heeft door u zorgen te maken over kastelen van steen, hoe kunt u er dan om lachen dat deze jongens vechten over kastelen van zand?"

Voor deze kinderen leken de zandkastelen de ultieme werkelijkheid te zijn, terwijl de koning absolute werkelijkheid toeschreef aan kastelen van steen. De kinderen waren gevestigd in subjectieve werkelijkheid, terwijl de koning was gevestigd in objectieve werkelijkheid. Maar voor de meester die de absolute werkelijkheid gerealiseerd heeft, zijn deze werkelijkheden allebei onwerkelijk. Beide zijn een soort droomtoestand. Wanneer we in de objectieve werkelijkheid zijn ondergedompeld, is de fysieke wereld van namen en vormen zeer werkelijk en zien we de dromen die we de vorige nacht hadden als onwerkelijk. Maar voor de dromer is de wakende wereld niet werkelijk. En voor een persoon in diepe slaap heeft noch de droom noch de wakende wereld enige relevantie of realiteit. Aldus is de enige absolute werkelijkheid zuiver bewustzijn, het "Ik" dat getuige is van de drie gewone toestanden van bewustzijn: waken, dromen en diepe slaap. Daarom wordt de absolute werkelijkheid van Zuiver Bewustzijn ook het Atman of het Ware Zelf in alle levende wezens genoemd.

Er bestaat een waar gebeurd verhaal uit Tamil Nadu over een andere koning die een nog diepere les leerde. De koning vertrouwde een van zijn ministers toe om enkele paarden van goede afstamming te kopen. Maar de minister die een trouwe toegewijde van Shiva was, gaf het geld niet uit aan paarden, maar aan liefdadigheid en renovaties van de tempel. Toen de koning deze ongehoorzaamheid ontdekte, zette hij de godsvruchtige minister onmiddellijk gevangen.

Korte tijd daarna, toen de moesson aanbrak, begon een van de rivieren in zijn koninkrijk buiten zijn oevers te treden. De koning riep een noodtoestand uit en beval dat uit ieder huisgezin een persoon zou komen helpen met het versterken van de lemen wallen langs de oever van de rivier om te voorkomen dat het koninkrijk zou overstromen. Een oudere vrouw werd gedwongen om mee te doen, omdat ze de enige persoon in haar huishouden was. Ze was te oud om zwaar werk te doen en kon geen vervanger vinden. Daarom bad ze tot haar geliefde heer Shiva om haar op de een of andere manier te helpen.

Ze was de wanhoop nabij toen ze opkeek en zag dat er een vreemdeling voor haar stond. Hoewel ze haar hele leven in het koninkrijk had gewoond, had ze hem nog nooit gezien. De oudere vrouw ging naar hem toe en vroeg: "Jongeman, doe alstublieft mijn deel van het werk en verlos mij van mijn last; voor u zal het niets zijn."

De man antwoordde: "Ik zal niet voor niets werken. U moet mij er iets voor teruggeven."

Behalve de *puttu* (gerecht van rijst en kokosnoot) die de arme oude vrouw iedere dag bereidde om haar kostje bijeen te scharrelen, had ze niets aan te bieden. Toen ze dit tegen de man vertelde, zei hij: "Dat is voldoende. Geef mij te eten en ik zal het werk voor je doen."

Zodoende nam ze de man mee naar haar huis en gaf hem een flink ontbijt. Na het eten ging hij naar de rivieroever. Maar in plaats van zijn deel te doen, stond hij gewoon stil en kletste met anderen die hij zo eveneens van hun werk afleidde. Een van de opzichters merkte dit op en bracht het onder de aandacht van de koning. De koning ging onmiddellijk op de man af en sloeg hem met een stok.

De man protesteerde niet. Er gebeurde echter iets grappigs: op het moment dat de stok hem raakte voelde iedereen de pijn, alsof het hout hun eigen huid geraakt had. De gehele burgerij, inclusief de koning zelf, schreeuwde het uit van de pijn.

Volkomen verbijsterd, verwijderde de koning zich van de jongeman en stond hem toe om weg te gaan. Na een paar stappen ging de jongeman in lucht op.

Toen de koning dit zag, begreep hij dat hij bezoek gekregen had van de Heer zelf en dat God hem toonde dat zijn Bewustzijn in alle levende wezens aanwezig is. Verder voelde hij dat de Heer hem indirect berispt had voor de slechte behandeling van zijn vrome minister. De koning verliet het werk en ging rechtstreeks naar de gevangenis. Daar gaf hij opdracht om zijn minister vrij te laten en in ere te herstellen. Na de vrijlating van de minister, bekende de koning: "Ik dacht dat de fondsen van het paleis aan mij toebehoorden en daarom strafte ik u. Maar nu realiseer ik me dat alles aan God toebehoort en u het geld juist besteed had."

Wanneer we weten dat ons Ware Zelf Zuiver Bewustzijn is, dat we één zijn met God, weten we ook dat niets van wat er gebeurt in de drie toestanden van diepe slaap, dromen en waken, kan beïnvloeden of begrenzen wie wij werkelijk zijn. Deze vrijheid van tijd en ruimte of *jivanmukti*, is de bron van grenzeloze vrede en vreugde en het doel van de menselijk ziel.

Hoofdstuk 3

Het overstijgen van de relatieve werkelijkheid

"Alleen iemand die ontwaakt is kan anderen wakker maken."

– Amma

"De laatste menselijke vrijheid om je houding in bepaalde omstandigheden te kiezen, is de vrijheid om je eigen weg te kiezen."

– Victor Frankl

E r was eens een man die pas was aangekomen in het buitenland, waar hij naar de markt ging. Daar zag hij een aantrek-
kelijke vrucht die hij nog nooit gezien had. Ervan overtuigd dat
de vrucht heerlijk zou smaken, kocht hij een volle zak. Hij ging
op een bank in het park zitten om van zijn aanwinst te genieten.
Enthousiast nam hij een hap van de eerste vrucht, maar bemerkte
dat hij vreselijk heet en kruidig smaakte. Hij gooide hem weg en
dacht: "Misschien had ik een slecht exemplaar. Laat ik een andere
proberen." Ook deze was erg heet. Hij likte zijn verbrande lippen
af en besloot om zijn geluk te beproeven door een hap van de
derde vrucht te nemen. Hetzelfde lot trof hem. Hij bedacht dat
de bovenste vruchten misschien slecht waren en begon aan de
vruchten die onder in de zak zaten. Iedere vrucht was nog heter
dan de vorige en de tranen begonnen hem langs de wangen te

biggelen. Maar de man hield vol en pas nadat hij de hele zak met chilipepers had opgegeten, was hij gedwongen om te concluderen dat deze nieuwe "vrucht" niet was wat hij gedacht had.

We kunnen lachen om de dwaasheid van de man, maar zijn wij niet net zo onbekwaam of onwillig om van onze fouten te leren? Ook wij proberen keer op keer voldoening te krijgen door het ene ding na het andere. En de laatste keer worden we, net zoals de eerste keer, beloond met niets anders dan bitter fruit.

Swami Purnamritananda, een van Amma's oudere leerlingen, vertelt in dit verband de volgende anekdote. Op een dag vertaalde hij voor Amma, toen er een man met een wanhopige en uiterst verdrietige gezichtsuitdrukking naar haar toe kwam. Toen Amma de man vroeg wat het probleem was, vertelde hij haar dat hij al maanden naar werk zocht en dit nergens kon vinden. Nu overwoog hij zelfs om een einde aan zijn leven te maken. Amma troostte hem en vroeg hem om naast haar te komen zitten. Even later vertelde een andere wanhopige persoon tegen Amma dat hij zoveel spanningen op zijn werk te verduren had en zoveel financiële problemen dat hij dacht dat het beter zou zijn om te sterven. Amma droogde zijn tranen en vroeg hem om naast haar te komen zitten. Na een tijdje kwam een echtpaar met betraand gezicht bij Amma en vertelde dat ze, zelfs na jaren van medische behandelingen, niet in staat waren om een kind te krijgen. Kort daarop kwam er nog een stel met een bezwaard gemoed naar Amma. Zij vertelden dat hun enige kind hen verstoten had en hen zelfs voor het gerecht gedaagd had. Even later kwam er een oudere vrouw naar Amma die huilde dat ze nooit een echtgenoot gevonden had. Ze was bang dat ze nu te oud was om nog aantrekkelijk voor een aanbidder te zijn. Tenslotte kwam een andere vrouw aan Amma vertellen dat haar huwelijk haar leven tot een hel gemaakt had.

Sommige van deze mensen kwamen bij Amma omdat ze iets wilden en anderen hadden iets en wilden dat kwijt, maar ze hadden allemaal iets gemeenschappelijk: ze waren ongelukkig en ze weten hun ongeluk aan hun huidige omstandigheden.

Er is een parabel uit het oude Rome over een ezel die nooit tevreden was. Eerst behoorde de ezel toe aan een kruidenkoopman. Hij vond dat zijn meester hem te weinig voedsel en te veel werk gaf. Daarom richtte hij zich tot de Romeinse god Jupiter met het verzoek om verlost te worden van zijn huidige dienst en een andere meester te krijgen. Jupiter waarschuwde hem dat hij spijt van zijn verzoek zou krijgen, maar de ezel drong aan. Zodoende regelde Jupiter dat hij aan een metselaar verkocht werd. Kort daarop, toen de ezel bemerkte dat hij zwaardere lasten moest sjouwen en in de steenfabriek harder moest werken, verzocht hij om een volgende verandering van meester. Jupiter zei hem dat dit de laatste keer zou zijn dat hij een dergelijk verzoek kon inwilligen. De ezel stemde daarmee in en Jupiter zorgde ervoor dat hij aan een leerlooier verkocht werd. Toen hij erachter kwam dat hij in nog slechtere handen gevallen was, schreeuwde de ezel: "Het zou beter voor me geweest zijn als ik bij de ene baas verhongerd was of bij de andere baas overwerkt was geraakt. Het is erger om gekocht te zijn door mijn huidige eigenaar die mij zelfs na mijn dood voor zichzelf nuttig zal maken en mijn huid zal looien."

Geen enkele verandering in onze uiterlijke omstandigheden zal ons blijvende vrede en geluk brengen. Iedere oplossing brengt zijn eigen problemen met zich mee. En die vragen dan weer om een oplossing.

Er zijn ook situaties waarin we problemen tegenkomen waarvoor geen externe oplossing is. We kunnen ons in omstandigheden bevinden waaruit geen uitweg is. Sommige lezers kennen wellicht het verhaal van Victor Frankl, de Joodse psychiater die ten tijde van de holocaust drie jaar in concentratiekampen doorbracht.

Frankl verloor zijn vrouw, zijn broer en zijn ouders in de kampen. Iedere dag opnieuw wist hij niet of hij ook geëxecuteerd zou worden. Maar Frankl realiseerde zich dat hij, ongeacht wat hem ontnomen werd, ongeacht de vernederingen en de wreedheden waaraan hij onderworpen werd, behield wat hij later "de laatste van de menselijke vrijheden" noemde. Hij realiseerde zich dat, zelfs als iedere uiterlijke vrijheid hem ontnomen was, het aan hem was om zijn innerlijke vrijheid vast te houden of op te geven. Door met onthechting te kijken naar alles wat hij moest ondergaan, kon hij vrij blijven en kiezen hoe hij zou reageren. Hij kon kiezen om aangedaan te zijn of om onaangedaan te blijven. Door enigszins onthecht van zijn objectieve omgeving te blijven – door te zien dat deze slechts relatief werkelijk was en dat zijn innerlijke bewustzijn onaangetast bleef – was hij tot op zekere hoogte in staat om zijn emoties onder controle te houden en zijn psychiatrische mogelijkheden ten dienste te stellen van zijn medegevangenen. Gedurende de periode die hij in de kampen doorbracht was hij een baken van hoop en inspiratie voor andere gevangenen. Hij had zelfs een transformerend effect op enkele kampbewakers. Zoals Victor Frankl ontdekte, is de enige echte oplossing voor het probleem van het menselijke lijden om boven de relatieve werkelijkheid van de objectieve wereld uit te stijgen.

Amma zegt dat we in staat zijn om onze buren rustig te troosten en te adviseren als ze een probleem hebben. Maar als we ons zelf in een soortgelijke situatie bevinden, worden we erdoor overweldigd. We moeten dezelfde soort afstand creëren tussen onszelf en onze problemen als we hebben tot de problemen van de buren. Het proces van het creëren van deze afstand is hetzelfde als het cultiveren van een groter bewustzijn. We zijn niet de problemen in ons leven. Ook zijn we niet het lichaam, de geest en het intellect die de problemen ervaren. Ons Ware Zelf is het Zuivere Bewustzijn dat zelf niets ervaart, maar de ervaring mogelijk maakt. Dit bewustzijn dat als een stille getuige is, is zelf de absolute werkelijkheid. In plaats van ons met het probleem te identificeren moeten we leren om ons met dit getuige-bewustzijn te identificeren en om getuige van het probleem te zijn. Dit soort van ononderbroken bewustzijn zal ons helpen om ons met de absolute werkelijkheid te identificeren en om niet door de beproevingen en de beroeringen van het leven op aarde overweldigd te worden.

Als we in staat zouden zijn om de droomwereld binnen te gaan zonder onze wakende staat te vergeten, zouden we ons herinneren dat alles en iedereen in de droom onze eigen creatie is. Als we dan in de droom iemand zouden ontmoeten die weigerde te geloven dat er een wakker persoon en een wakende toestand bestaan, zouden we hem adviseren om te ontwaken en zich te realiseren dat hij degene is die wakker is.

Op dezelfde manier zijn we nog niet in staat om te accepteren dat er achter deze realiteit een andere werkelijkheid is en dat alles wat we zien, wat we voelen, wat we ervaren onze eigen schepping is. Amma begrijpt dit en wenst dat wij dit ook begrijpen, net als iemand die in staat is om te dromen zonder zichzelf te vergeten.

Toen Amma een tijdje geleden een programma in Trivandrum leidde, maakten bijna alle ashrambewoners de drie uur durende tocht naar dit programma. De nacht voor het programma kwam Amma plotseling om 1 uur in de morgen uit haar kamer. Ze ging van kamer tot kamer in de school waar iedereen verbleef, knipte alle lichten aan en maakte al haar slapende kinderen wakker. Amma stond in iedere deuropening en vroeg lief aan haar kinderen om naar buiten te komen en gedurende een uur of twee te werken op de aan zee gelegen plek waar het programma zou plaatsvinden. Voor het programma van de volgende avond moesten duizenden stoelen neergezet worden. Amma wist dat het de volgende dag, in de hitte van de zon ondraaglijk zou zijn om dit werk te doen.

Ze dwong niemand ertoe, maar zei dat degenen die geïnspireerd waren konden opstaan en gaan werken. Normaliter zijn we niet blij om iemand te zien die ons wakker maakt in het midden van de nacht. Zeker niet als deze persoon ons vraagt om op te staan en dertig meter lange geulen te gaan graven in een zandstrand. Maar toen Amma dit deed, werd iedereen enthousiast. Ze wisten dat Amma dit alleen deed om hen latere ongemakken te besparen en bereidwillig volgden ze haar instructies. Dit is Amma's geheim. Haar kinderen hebben er het grootst mogelijke vertrouwen in dat wat Amma hen vraagt om te doen niet voor haar eigen welzijn is, maar voor het hunne. Daarom volgen zo veel mensen in haar voetstappen. Daarom was ze in staat om een leger van toegewijde vrijwilligers te mobiliseren. Als ze ons roept om te ontwaken uit onze sluimer, weten we dat ze ons roept naar een betere en lichtere wereld dan de wereld waarin we nu wonen.

Enige tijd geleden werd een twee weken oude baby voor darshan bij Amma gebracht. Terwijl ze de slapende baby in haar armen hield, bleef Amma op zijn gezichtje blazen. De baby reageerde niet. Amma blies opnieuw en weer kwam er geen reactie; de baby bleef vast in slaap. Amma gaf het echter niet op. Ze ging door met zachtjes over de ogen en het gezicht van deze baby blazen. Eindelijk begonnen de handjes van de baby een beetje te bewegen. Het leek alsof hij wakker zou worden, maar toen gleed hij weer terug in een diepe, bewegingloze slaap. Amma ging door en de ogen van de baby opende zich tot een spleetje. Iedereen die in de buurt stond, begon te juichen ter bemoediging van Amma's pogingen en inspanningen om de baby wakker te maken zodat hij zich bewust kon worden van dit heilige moment. Maar weer vielen de ogen van de baby dicht. Maar toch ging Amma door met blazen. Het maakte niet uit hoe vaak het niet lukte, ze werd het niet moe en ze gaf niet op. Uiteindelijk werd de baby wakker en keek Amma in de ogen.

Amma heeft haar zinnen gezet op het wakker maken van ons. Het maakt haar niet uit hoe vaak we beginnen te bewegen en weer in een diepe slaap vallen. Hoe lang het ook duurt, ze geeft niet op. Mogen we allemaal zo spoedig mogelijk ontwaken.

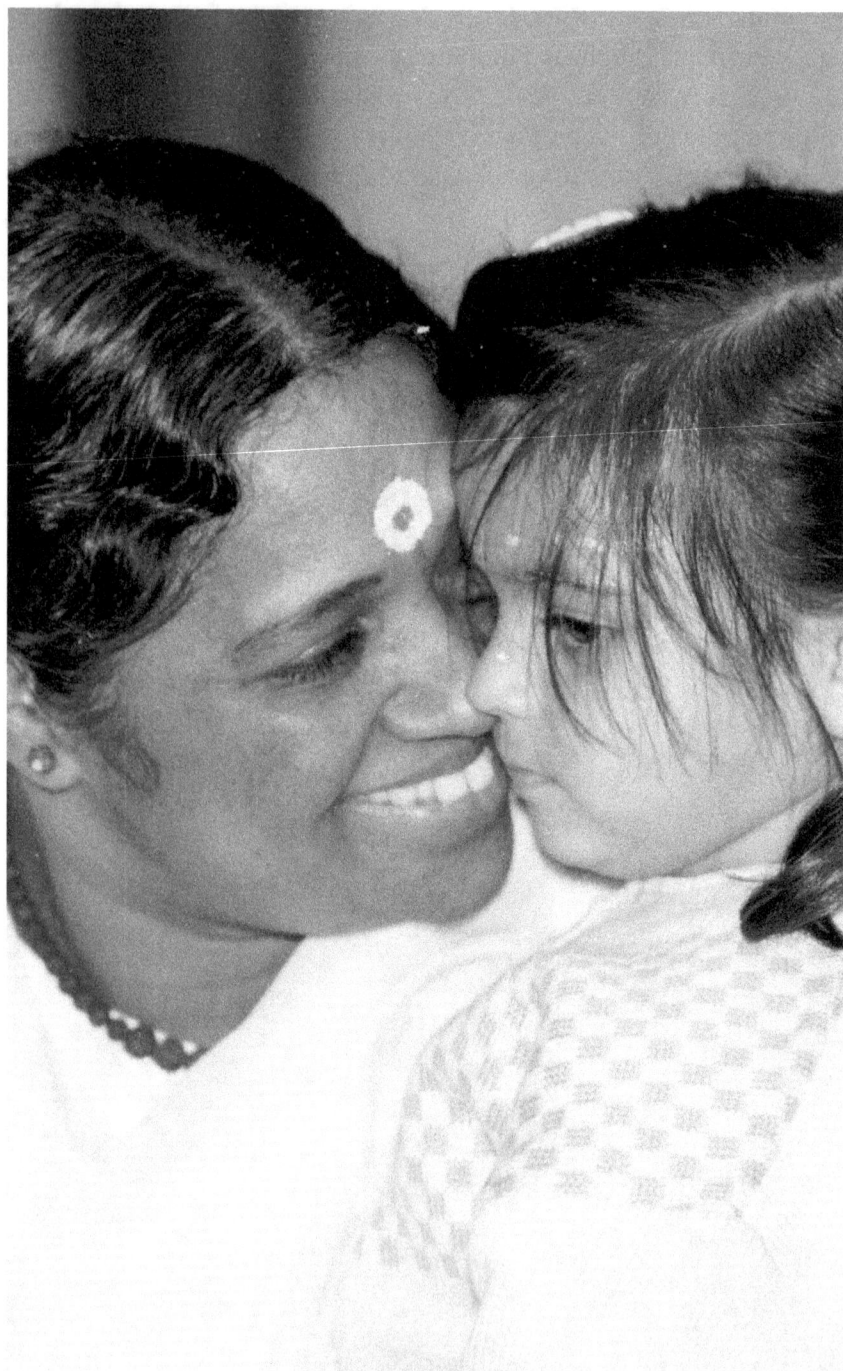

Hoofdstuk 4

Het afbreken van aantrekkingskracht

"Iemand die zijn ziel verovert... alle andere zielen zullen zich tot hem aangetrokken voelen."

– Thiruvalluvar

Vele jaren geleden, voordat ik in de ashram ging wonen, gaf een beroemde actrice die op het hoogtepunt van haar carrière was, een voorstelling vlak bij de plek waar ik verbleef. Massa's jonge mensen verdrongen zich om haar heen. Ze hoopten op een gelegenheid om haar de hand te schudden, een handtekening te vragen en met haar op de foto te kunnen. Tientallen jaren later was ik op weg om een programma te gaan leiden en kwam ik langs een andere plaats, waar deze actrice op dat moment was. Nu was ze echter bejaard en het viel me op dat ze, op enkele betaalde secretaresses na, niemand om zich heen had. Alle jonge mensen verdrongen zich rond een andere actrice die veel jonger was. De jonge actrice straalde door alle aandacht en bewondering waarmee ze overladen werd. Ze leek zich volkomen onbewust te zijn van haar lot dat op zekere dag hetzelfde zou zijn als dat van de actrice die voor haar beroemd geweest was.

We voelen ons tijdens ons leven fysiek of emotioneel tot veel dingen, plaatsen en mensen aangetrokken, maar deze aantrekking is meestal tijdelijk van aard. We kunnen ons bijvoorbeeld tot iemand aangetrokken voelen vanwege zijn fysieke uiterlijk.

Als echter de fysieke schoonheid wegebt, verdwijnt ook de aantrekkingskracht.

Dit wil niet zeggen dat we door zorgen over de toekomst overspoeld moeten worden. We kunnen ons beter de veranderende aard van de wereld herinneren en deze dankbaar accepteren. Want alleen wanneer we de veranderende aard van de wereld accepteren kunnen we eraan werken om datgene wat onveranderlijk is, namelijk ons Ware Zelf, te bereiken. En bovendien, zegt Amma, of we nu lachen of huilen, de dagen zullen voorbij gaan. Daarom kunnen we net zo goed lachen. Met dit idee in gedachten, wil ik graag een grap vertellen.

Er was eens een vrouw van middelbare leeftijd die een hart-aanval kreeg en naar het ziekenhuis gebracht werd. Op de operatietafel beleefde ze een bijna-doodervaring. Toen ze Magere Hein voor zich zag staan, verzuchtte ze: "Is mijn tijd om?"

De Dood antwoordde: "Nee hoor, je hebt nog 43 jaar, twee maanden en acht dagen te leven." De vrouw was zo overgelukkig met dit nieuws, dat ze na haar herstel van de operatie besloot om in het ziekenhuis te blijven. Ze wilde nog een facelift, botoxinjecties en een liposuctie laten doen. Ze liet zelfs iemand komen om haar haar te verven en haar tanden wit te maken. Nu ze nog zolang kon leven, bedacht ze dat ze net zo goed zoveel mogelijk van haar leven kon maken. Na haar laatste operatie werd ze uiteindelijk uit het ziekenhuis ontslagen. Toen ze de straat overstak, reed een ziekenwagen haar aan.

Toen ze Magere Hein opnieuw voor zich zag staan, zei ze streng: "Ik dacht dat je zei dat ik nog 43 jaar te leven had? Waarom trok je me niet bij de ziekenwagen vandaan?"

De dood antwoordde: "Sorry, ik herkende je gewoon niet."

Natuurlijk is aantrekkingskracht niet alleen maar fysiek; we kunnen ons ook aangetrokken voelen tot iemand vanwege zijn persoonlijkheid, talenten of intellectuele vaardigheden. Hoewel

dit type aantrekkingskracht langer kan duren dan fysieke aantrekkingskracht, is dit ook tijdelijk. Wanneer twee mensen gaan
scheiden vanwege "onverenigbare verschillen", weten we dat het
tweede type aantrekkingkracht ook verdwenen is.

Er was eens een vrouw die een aanvraag tot scheiding inge-
diend had. Haar vriendin probeerde haar te troosten. Plotseling
zei de eerste vrouw: "Weet je, ik had hem meteen na de witte-
broodsweken moeten verlaten."

Haar vriendin vroeg: "Waarom dan?"

De eerste vrouw legde uit: "Omdat hij beloofd heeft om me
mee te nemen naar de Niagarawatervallen, maar hij is uiteindelijk alleen maar een paar keer heel langzaam met me door een
autowasserette gereden."

Er is echter een derde soort aantrekkingskracht die niet verdwijnt. Dit is de aantrekking tot het Atman of het Allerhoogste
Zelf. Dit is de aantrekkingskracht die we voelen als we naar
Amma kijken. De meesten van ons moeten hard werken om de
aandacht van mensen vast te houden. Zelfs een komediant moet
voortdurend grappig zijn, anders stoppen de mensen met kijken
en richten ze hun aandacht op iets anders. Maar bij Amma gebeurt
dit niet. Het maakt niet uit wat ze zegt of doet, mensen kunnen
hun ogen niet van haar afhouden.

Tijdens een tournee die Amma kort geleden in het buitenland hield, speelde ze na een avonddarshan met wat speelgoed
dat iemand haar gegeven had. Ze gebruikte een slinger om een
speelgoedaap steeds weer door de lucht te laten vliegen. Alle
aanwezigen die dit zagen, waren verrukt. Ze moesten lachen. Als
ik zo had zitten spelen, waren de mensen hier waarschijnlijk niet
zo vrolijk van geworden; misschien zouden ze zelfs tegen Amma
hebben verteld dat er iets mis was met een van haar swami's. Maar
toen Amma dit deed, werden alle toeschouwers vervuld van een
groot geluk en blijheid.

Zelfs wanneer Amma iets gewoons doet, wordt iedereen om haar heen in beslag genomen. Op een ochtend tijdens haar tournee door Zuid-India in 2007, na de darshan in haar ashram in Madurai, besloot Amma om *unniyappam*, een traditionele zoete lekkernij uit Kerala te bereiden. Toen de ashrambewoners en de toegewijden die met Amma meereisden dit hoorden, gingen ze allemaal naar het platte dak waar Amma de zoetigheden aan het bakken was. Als iemand anders hetzelfde zou doen, zou niemand er vrijwillig heengaan om ernaar te kijken. Ze zouden beslist liever andere dingen doen. Maar 300 volwassen mensen keken een half uur lang naar Amma terwijl ze unniyappam aan het bakken was. Er werd niet veel gezegd, niet door Amma en niet door haar kinderen. Toch was iedereen geboeid. Ze hielden iedere beweging, ieder gebaar van Amma vast. Wat was er zo fascinerend aan? Waarom was iedereen zo volkomen in beslag genomen? Oppervlakkig gezien, was er niets anders aan de hand dan een vrouw die snacks bakte. Door de aantrekkingskracht die Amma voor ons heeft, wordt natuurlijk ieder voorwerp dat ze gebruikt, iedere plaats waar ze verblijft en iedere handeling die ze uitvoert, aantrekkelijk. Maar waarom voelen we ons zo tot Amma aangetrokken?

Amma geeft zelf het antwoord op deze vraag. "Als we een rijpe vrucht zien, ziet deze er altijd sappig en aantrekkelijk uit. Een helemaal ontloken bloem ziet er zo mooi en aantrekkelijk uit. Iemand die de ware aard van het Zelf heeft leren kennen is als een volledig ontloken bloem of als een helemaal rijpe vrucht."

Elke goddelijke kwaliteit is als een blaadje van deze helemaal ontloken bloem. Als we aan tien mensen vragen waarom ze zich tot Amma aangetrokken voelen, krijgen we waarschijnlijk tien verschillende antwoorden. Sommigen worden aangetrokken door het geduld van Amma, anderen door haar nederigheid, weer anderen door haar onschuld en nog een ander door haar zuiverheid, sommigen door haar mededogen en anderen door haar onvoorwaardelijke liefde. Ook worden sommigen tot haar aangetrokken vanwege haar kennis van het Atman of het Ware Zelf. In *Manase Nin Svantamayi*, een vaak door Amma gezongen bhajan, wordt gezegd: "Als een magneet die ijzer aantrekt, zal de Heer met devotie doordrenkte zielen aantrekken."

In dezelfde bhajan wordt onthult dat het altijd de ziel is, waartoe we ons aangetrokken voelen en niet het lichaam waarin de ziel huist. Amma zingt: "Zelfs je liefste voor wie je geworsteld hebt zonder aan je eigen leven te denken, zal bang worden bij het zien van je dode lichaam en je niet vergezellen op je reis na de dood." De aantrekkingskracht die het lichaam voor ons heeft, verdwijnt als de ziel niet meer in het lichaam verblijft. Het is de ziel waartoe we van nature aangetrokken worden; we houden alleen maar van het lichaam omdat daarin de ziel aanwezig is.

Tijdens Amma's Noord-Amerikaanse tournee in 2007 vond er een incident plaats op een luchthaven die we aandeden op onze reis van Seattle naar Amma's ashram in San Ramon in Californië. We stonden in de rij voor de veiligheidscontrole, toen de veiligheidsagent een Indiase toegewijde die met ons meereisde, benaderde. Hij keek haar aan en zei: "Is het uw gezicht dat ik op de achterkant van de bus in Seattle zag?" Ze was hier enigszins verlegen mee en vertelde de man dat niet zij deze vrouw was, maar dat degene die hij bedoelde over enkele ogenblikken ter plekke zou zijn. Net op dat moment kwam Amma binnen en ging in een van de andere rijen voor de veiligheidscontrole staan, ongeveer vijf meter bij de veiligheidsagent vandaan. Nadat de toegewijde hem verteld had wie Amma was, vroeg de veiligheidsagent argeloos: "Zou ze me echt omhelzen als ik haar dat zou vragen? Zou ze niet denken dat het raar is?"

De toegewijde verzekerde hem dat Amma iedereen zou omhelzen die naar haar toekwam, omdat ze iedereen als haar kind beschouwt. Zonder zijn ogen van Amma af te houden, vervolgde veiligheidsagent: "En als ik alleen maar haar hand zou willen vasthouden? Zou ze het erg vinden als ik een momentje naar haar toeging en alleen even haar hand vasthield?"

De toegewijde vertelde hem nog een keer dat dit geen probleem was. Zijn vertrouwen werd groter en de veiligheidsagent begon in de richting van Amma te lopen. Tegelijkertijd realiseerde hij zich dat niemand zijn taak zou vervullen als hij zijn positie zou verlaten. Daarom berustte hij erin om alleen maar naar Amma te kijken terwijl zij op weg naar de uitgang de controle passeerde. De veiligheidsagent kon het niet helpen dat hij Amma nakeek tot hij haar niet meer kon zien. Hij was door haar aanwezigheid gebiologeerd. En hoewel de man fysiek achterbleef toen Amma de controle passeerde, had zijn hart vleugels gekregen. Zijn onschuld was het enige ticket dat hij daarvoor nodig had.

Ook al is het goddelijke in iedereen aanwezig, de mate waarin dit goddelijke gemanifesteerd wordt, correspondeert met de zuiverheid van geest van het individu. Omdat de geest van de mahatma volkomen zuiver is, straalt het goddelijke veel helderder door de mahatma heen dan door de gemiddelde persoon. Om dit punt toe te lichten, gebruikt Amma het voorbeeld van een lamp van een paar watt in vergelijking met een lamp van 10.000 watt. In beide lampen komt dezelfde elektriciteit binnen; toch straalt de ene lamp meer licht uit dan de andere. Zo is ook de geest van een mahatma zo zuiver, zo vredig, dat zelfs de mensen in zijn nabijheid, deze vrede ervaren. Het is als een meetrillen. Omdat we de innerlijke vrede die we ervaren met de mahatma associëren, gaan we ons tot de mahatma aangetrokken voelen. Deze aantrekkingskracht is in werkelijkheid de aantrekkingskracht tot het Atman, ons Ware Zelf. Daarom zijn fysieke eigenschappen of prestaties van een mahatma niet belangrijk. Er was eens een spiritueel meester die niets bijzonders deed. Tot op hoge leeftijd zat hij gewoon, droeg niets anders dan een lendendoek en sprak niet veel. Mensen bleven hem echter altijd bezoeken, omdat zijn aanwezigheid vol was van vrede en liefde.

Er bestaat een verhaal over de beroemde dichter en vrijheidsstrijder Subrahmanya Bharati. Hij woonde enige tijd in Pondicherry. Hier verbleef ook een dakloze man die gekleed ging in smerige lompen en altijd een bundel vuile kleren en rommel over zijn schouder droeg. De stadsbewoners konden de aanblik van deze dakloze man niet verdragen. Als ze hem zagen naderen, staken ze altijd over naar de andere kant van de straat of joegen hem zelfs weg. De dichter echter, merkte een bijzondere fonkeling op in de ogen van de man en voelde dat er een ondefinieerbare kracht van hem uitging. Op een dag ging de dichter naar de man toe en vroeg nederig: "Hoewel iedereen hier door u lijkt te worden afgestoten, kan ik toch niet aan het gevoel ontkomen dat er meer aan u is dan je op het eerste gezicht zou zeggen. Kunt u mij alstublieft vertellen wie u werkelijk bent?"

De dakloze man gooide het hoofd in de nek en lachte vrolijk. Toen merkte hij raadselachtig op: "Vraag me ergens om, wat je maar wenst. Dan zul je te weten komen wie ik ben."

Omdat hij dacht dat hij niets te verliezen had, en mogelijkerwijs alles te winnen, bekende de dichter zijn meest gekoesterde hartenwens aan de man. "Meer dan wat dan ook," bekende hij, "zou ik de godin Kali met eigen ogen willen zien."

"Volg mij," knikte de dakloze man. Hij draaide zich om en liep weg.

De dichter volgde in zijn voetstappen. Hij was aan de ene kant sceptisch, maar aan de andere kant hoopvol.

De man bracht hem naar de put van het dorp. Daar zei hij tegen de dichter dat hij naar beneden in het water moest kijken.

Zonder enige aarzeling volgde de dichter zijn aanwijzingen op en stond als aan de grond genageld. Op het wateroppervlak zag

hij niet de weerspiegeling van zijn eigen gezicht, maar het beeld van Kali in volle glorie. Ten slotte verdween het beeld. De dichter keek naar de man op en zag hem in een totaal ander licht. "Uw verschijning is zo slordig en onaangenaam," bekende de dichter. "En toch draagt u waarlijk de goden in u."

"Ik ben vies aan de buitenkant," zei de mahatma nuchter. "Van binnen ben ik echter zuiver. Daarom kan ik God zien en kan ik hem ook aan anderen laten zien." Na dit gezegd te hebben, lachte hij weer alsof het allemaal een kostelijk spel was en vervolgde zijn eenzame weg.

Amma zegt dat, of we dit nu weten of niet, er altijd iemand is die ons als een rolmodel ziet. (Het is wijs om hieraan te denken als we onze woorden en handelingen kiezen.) Zo trachten ook wij degenen die we aantrekkelijk vinden, te evenaren. Misschien bootsen we hun kapsel na, hun manier van lopen, hun manier van kleden, enzovoort. Dit imiteren kan zich ook uitbreiden tot de keuze voor een levensstijl en tot het nemen van beslissingen die iemands leven veranderen. Als men een populaire beroemdheid ziet roken, stijgt de verkoop van sigaretten onder jonge mensen aanzienlijk. Als er een verschrikkelijke misdaad is begaan, worden er in de dagen daarna meer soortgelijke misdaden nagebootst. Het kan klaarblijkelijk ook gevaarlijk zijn om anderen te imiteren.

Een jonge missionaris ging voor de eerste keer naar een Spaans sprekend land. Bij zijn pogingen om Spaans te leren bezocht hij een plaatselijke kerk waar hij op de eerste rij ging zitten. Hij besloot om iemand uit de menigte als voorbeeld te kiezen, zodat hij zichzelf niet belachelijk zou maken. Hij koos de man die op de voorste kerkbank naast hem zat. Deze man klapte in zijn handen terwijl het koor aan het zingen was. Dus klapte de jonge missionaris ook. Toen de man opstond om te bidden, stond de jonge missionaris ook op. Toen de man ging zitten, ging de missionaris ook zitten.

Op een later moment in de dienst stond de man naast hem op en dus stond de missionaris ook op. Plotseling viel er een stilte over de aanwezigen. Enkele mensen snakten naar adem. De missionaris keek om zich heen en zag dat niemand anders was opgestaan.

Na de dienst begroette de jonge missionaris de predikant. De predikant merkte op: "Ik begrijp dat u geen Spaans spreekt."

"Nee, inderdaad," zei de missionaris. "Is dat zo duidelijk?"

De predikant antwoordde: "Wel, het was niet duidelijk, totdat ik aankondigde dat de familie Acosta gezegend is met de geboorte van een baby, een jongen, en ik de trotse vader verzocht om op te staan."

Soms wordt er gezegd: "Het uiterlijk is zo bedrieglijk dat mensen, net als op de verpakking van levensmiddelen, een duidelijke beschrijving van hun ingrediënten zouden moeten geven." Stel je eens voor dat alle mensen een etiket zouden dragen waarop al hun ingrediënten zouden staan. Een man zou bijvoorbeeld, erg knap kunnen zijn, maar als op zijn etiket te lezen zou zijn dat hij slechts 10% van de aanbevolen dagelijkse hoeveelheid vriendelijkheid in zich zou hebben en 200% van de aanbevolen dagelijkse hoeveelheid arrogantie, hoeveel vrouwen zouden dan nog proberen om bij hem een wit voetje te halen? In plaats daarvan zouden ze, na zijn etiket met ingrediënten gelezen te hebben, als een haas wegrennen. Of een vrouw zou er erg mooi uit kunnen zien, maar door het lezen van haar etiket komen we erachter dat zij slechts 5% van de aanbevolen dagelijkse hoeveelheid geduld heeft en 250% van de aanbevolen dagelijkse hoeveelheid jaloezie. Het etiket van een mahatma daarentegen zou lijken op een multivitamine met positieve eigenschappen met 1000% van de aanbevolen dagelijkse hoeveelheid geduld, liefde, vriendelijkheid, mededogen en vreedzaamheid en 0% negatieve eigenschappen.

Jammer genoeg bestaan zulke etiketten niet voor mensen. Daarom moeten we onderscheid maken wanneer we ons tot iemand aangetrokken voelen. We moeten introspectief worden en proberen te begrijpen wat voor type aantrekkingskracht we ervaren en het langdurige en voor ons weldadige soort aantrekkingskracht proberen te cultiveren. Het is duidelijk dat het hier gaat om aantrekkingskracht tot het Ware Zelf. Wanneer we ons via de vorm van een mahatma tot het Ware Zelf aangetrokken voelen, verandert ons hele leven ten goede. Amma zegt: "Zelfs één blik, één woord, één handeling van een mahatma kan weldadig voor ons zijn."

Wanneer we ons aangetrokken voelen tot een gewoon mens, worden we vaak volkomen afhankelijk van hem en verliezen we de onafhankelijkheid die we hadden. Maar wanneer onze aantrekking tot een ware meester op de juiste manier gestimuleerd wordt, leidt de meester ons van afhankelijkheid naar volledige onafhankelijkheid door ons langzaam naar de realisatie van onze ware natuur te leiden.

Vele jaren geleden gaf Amma mij de taak om de maaltijden te serveren voor de toegewijden die iedere dag naar de ashram kwamen. Amma had verzocht dat degenen die het eten opdienden, pas zouden eten als alle anderen gegeten hadden. Als iedereen klaar was met eten, maakte ik gewoonlijk de vloer van de eetzaal schoon om pas daarna te gaan eten. Om de een of andere reden vond ik deze taak niet bijzonder interessant. Ik vroeg me af wanneer Amma me werk zou geven op een andere afdeling. Toen kwam op een dag Amma de eetzaal binnenlopen en begon zelf het voedsel op te dienen. Ze ging naar iedere toegewijde toe en serveerde de maaltijd op de plek waar de toegewijde zat. Ik volgde vlak achter haar en diende een ander gerecht op. Toen de toegewijden klaar waren met eten schrobde Amma persoonlijk de vloer van de eetzaal ondanks mijn pogingen om haar hiervan af te houden.

Toen ik de volgende dag de maaltijd weer opdiende, kwam de sterke herinnering aan Amma die de dag daarvoor de maaltijden geserveerd had, weer in mij op. Ik kwam tot de bevinding dat mijn houding bij het uitvoeren van deze taak totaal veranderd was. Door eraan te denken dat Amma de vorige dag deze taak op zich had genomen, kon ik vervolgens het werk met veel enthousiasme, oprechtheid en liefde doen. Hoewel dit vele jaren geleden is, is de herinnering aan deze dag zo sterk in mij aanwezig, dat ik nog steeds nooit een kans mis om eten op te dienen aan de toegewijden die de ashram bezoeken.

Een ander incident dat vele jaren geleden plaatsvond, had eenzelfde diepe invloed op een *brahmachari* (kloosterleerling). Op zekere dag hield Amma plotseling een moment op met het geven van darshan; haar aandacht leek ergens anders te zijn. Toen zei Amma ondubbelzinnig: "De koe huilt." Ik was verrast dat ik haar dit hoorde zeggen omdat er op dat moment mensen luid bhajans aan het zingen waren en de koeienstal nogal ver weg was van de darshanhut. Bovendien had niemand anders de koe horen huilen. Amma stond echter onmiddellijk op, vroeg de toegewijden om op haar terugkeer te wachten en liep naar de koeienstal.

Daar aangekomen zag ze dat de koe die dag niet gewassen was, geen voer gekregen had en in haar eigen mest stond. Amma riep de brahmachari aan wie de zorg voor de koe toevertrouwd was en vroeg hem waarom de koe in zo'n meelijwekkende toestand verkeerde. De brahmachari legde haar uit dat hij zich die ochtend verslapen had. Omdat hij niet te laat wilde komen bij de meditatie, had hij zijn taken in de koeienstal maar overgeslagen.

Daarop vroeg Amma hem: "Hoe zou jij je voelen als iemand vergeten was om jou te eten te geven of als je de hele dag bevuild zou moeten rondlopen zonder in bad te kunnen?" Het oprecht vervullen van je plichten is ook een vorm van meditatie. In feite is het zorgen voor de behoeften van dieren zonder spraak, die niet eens in staat zijn om te zeggen wat ze willen of nodig hebben, niet minder belangrijk dan meditatie."

Vervolgens waste en voerde Amma zelf de koe. De brahmachari probeerde haar tegen te houden, maar Amma stond erop om het werk zelf te doen. Deze ervaring maakte een diepe indruk op de jongeman, die als kind was verwend en niet gewend aan enige handenarbeid. Maar nadat hij gezien had dat Amma met zoveel liefde en aandacht voor de koe zorgde, liet hij zijn werk in de koeienstal nooit meer liggen.

Die dag vertelde Amma, voordat ze de koeienstal verliet, ook nog het volgende verhaal aan de brahmachari. Er was eens een arts die zeer toegewijd was aan de Goddelijke Moeder. Op een dag, tijdens zijn meditatie, verscheen de godin voor hem. Terwijl hij onverwacht van dit visioen genoot, hoorde hij bij de voordeur van het huis iemand schreeuwen. Toen hij dit geluid hoorde, stond hij onmiddellijk op. Hij ging snel naar de patiënt toe en zorgde voor hem. Nadat hij de patiënt behandeld had, ging hij terug naar zijn pujakamer. Hij was erg verrast dat de Goddelijke Moeder nog steeds in de kamer aanwezig was. Hij was vol spijt dat hij de Godin had laten wachten. Daarom putte hij zich uit in verontschuldigingen dat hij haar daar achtergelaten had. Zij antwoordde: "Je hebt het juiste gedaan. Als je niet weggegaan zou zijn om te zorgen voor de noden van deze zieke persoon, zou ik onmiddellijk verdwenen zijn. Maar omdat je het geluk van een ander boven je eigen geluk hebt gesteld, was ik genoodzaakt om hier op je te wachten. God zal iemand die onzelfzuchtig voor anderen zorgt, altijd volgen."

Deze aantrekkingskracht van God of de goeroe op zijn toegewijden zal ons tenslotte voor altijd voorbij de objectieve realiteit brengen. Op een avond tijdens Amma's tournee door Europa in 2006 zei Amma plotseling, vlak voordat de Devi Bhava darshan begon: "Mijn gedachten worden steeds naar Amritapuri getrokken. Ik voel me zo aangetrokken tot mijn kinderen in de ashram." Ik hechtte niet veel belang aan deze opmerking, maar toen de darshan afgelopen was, kon Amma via een webcam op een laptop spreken met de ashrambewoners. In de ashram was een groot scherm opgezet, zodat de bewoners Amma konden zien. Amma kon op het scherm van de laptop al hun gezichten zien, toen ze zich voor het oog van de camera verzamelden.

Terwijl zij liefdevol naar de gezichten van haar kinderen in de ashram keek, zei Amma: "Het is een paar weken geleden dat ik jullie gezien heb. Hoe gaat het met jullie allemaal? Hebben jullie Amma iets te zeggen?"

Toe ze Amma's woorden hoorden, riepen de ashrambewoners in koor uit: *"Ammaaaa! Ammaaaa!"*

Amma herhaalde vol belangstelling: "Mijn kinderen, hebben jullie Amma niets te vertellen?"

Weer riepen ze allemaal in koor: *"Ammaaaa! Ammaaaa!"*

Toen ik dit zag gebeuren, begreep ik waarom Amma zich zo aangetrokken had gevoeld tot haar kinderen in Amritapuri. De ashrambewoners waren helemaal vervuld van de gedachte aan Amma alleen. Ze hadden niet eens problemen of wensen om met haar te delen, maar alleen een overweldigende liefde, die vrij was van verlangens. Amma was niet bevooroordeeld jegens hen; ze had geen andere keuze dan aan hen te denken. Amma zegt dat een rivier geen verlangen heeft om in de ene of in de andere richting te stromen. Hij stroomt gewoon. Als je echter een geul naast de rivier graaft, zal de rivier van nature in die geul stromen. Op dezelfde manier heeft de goeroe geen andere keus dan ons te helpen, als we zo'n sterk verlangen naar God of de goeroe hebben.

Een ander voorval dat tijdens diezelfde tournee plaatsvond, laat de kracht zien waarmee Amma zich aangetrokken voelt tot haar toegewijden. Op een keer, na een buitengewoon lange darshan in Europa, was Amma op weg naar de kamer in de hal waar ze zou verblijven tijdens de korte pauzes tussen de ochtend- en avondprogramma's. Toegewijden stonden in een rij aan beide kanten van haar looppad, Amma raakte hun handen aan en stopte vaak om tegen iemand te praten. De toegewijden gebruikten deze gelegenheid op hun beurt om nog eens door Amma omhelsd te worden. Op een bepaald moment opperde ik tegen Amma: "Deze mensen hebben vandaag al darshan gekregen en ze zijn in de gelegenheid om u over slechts enkele uren weer te zien. U zou deze tijd kunnen gebruiken om wat rust te krijgen."

Amma antwoordde: "Er is niets wat me gelukkiger maakt dan het samenzijn met mijn kinderen. Waarvoor anders denk je dat ik hier ben?"

In elke relatie moeten beide partijen zich tot elkaar aangetrokken voelen. Laten we dus allereerst ontwikkelen dat wij ons aangetrokken voelen tot Amma en vervolgens proberen om aantrekkelijker voor haar te worden. We doen dit niet door meer make-up op te doen of door dure kleding te dragen, maar door het ontwikkelen van positieve eigenschappen zoals vriendelijkheid, mededogen en een onzelfzuchtige houding.

Enige jaren geleden kwam een jongeman uit Rameswaram (aan de oostkust van Tamil Nadu) naar Amritapuri voor zijn eerste ontmoeting met Amma. Hij kwam pas aan toen Amma was opgehouden met darshan geven. Omdat hij niet wilde eten voordat hij haar ontmoet had, vastte hij de hele dag. De volgende dag kreeg hij de gelegenheid om Amma's darshan te ontvangen. Op het moment dat ze hem omhelsde, barstte hij in tranen uit. Amma vroeg hem wat er mis was en hij vertelde dat de mensen in zijn dorp zo vreselijk arm waren en zoveel te lijden hadden. Hij zei verder dat hij iets wilde doen om hun pijn te verzachten, maar dat hij geen idee had wat hij zou kunnen doen. Hij zei dat hij hierdoor zijn eetlust kwijtgeraakt was en niet meer goed kon slapen. Vervolgens verzocht de jongeman Amma oprecht om de mensen in zijn woonplaats te zegenen.

Amma was door zijn meedogende houding zo bewogen dat ze hem verzekerde dat ze iets zou doen voor de mensen in zijn woonplaats. Korte tijd later nam ze het op zich om voor verarmde mensen in dat plaatsje 108 huizen te bouwen, gratis medische zorgverlening te starten, een operatiekliniek te bouwen en studenten te helpen met het financieren van hun opleiding. Later, toen de huizen klaar waren en de andere programma's begonnen waren, bracht Amma ook een eerste bezoek aan het plaatsje.

De jongeman die om Amma's hulp gevraagd had, was zeer betrokken geraakt bij de projecten ter plaatse. Later, na de tsunami van 2004, vroeg Amma hem om naar Sri Lanka te gaan en te helpen bij de door de ashram te bouwen nieuwe huizen voor slachtoffers van de tsunami. Dit was moeilijk, gevaarlijk werk. Op een bepaald moment werd hij zelfs ingesloten door met geweren bewapende mannen die zijn leven bedreigden. Nadat hij daar een poos gewerkt had, keerde hij terug naar India en trouwde. Er was echter nog steeds werk te doen in Sri Lanka en twee weken na zijn huwelijk vroeg hij aan Amma of hij naar de bouwplaats kon terugkeren. Amma zei: "Weet je het zeker? Per slot van rekening ben je pas getrouwd."

De jongeman zei tegen Amma dat hij niet tot rust kon komen als hij wist dat er nog zoveel gedaan moest worden voordat de slachtoffers van de tsunami hun leven weer op orde zouden hebben. Voor zijn vertrek vroeg de jongeman Amma om haar *prasad*.[3] Terwijl Amma het hem gaf, zei ze: "Waarom zou je om prasad vragen? Jijzelf bent Amma's prasad."

Hoewel ze dit terloops zei, was dit een erg diepzinnige opmerking. Als we iets met ons hele hart aan God offeren, wordt het gezegend en aan ons teruggegeven in de vorm van prasad. Deze

---

[3] Een gezegende gift of geschenk van een heilige persoon of tempel, vaak in de vorm van voedsel.

jongeman had zijn leven in dienst van Amma gesteld en zij gaf het terug als een zegen voor de wereld.

Er was eens een kleine jongen die bij zijn moeder op schoot zat en naar haar opkeek. Maar ineens vertroebelde een sprankje twijfel zijn blik. Zijn moeder die afgestemd was op het hart van haar zoon, zei onmiddellijk: "Wat is er, mijn kind?"

De jongen keek zenuwachtig naar de rechterhand van zijn moeder die met vreselijke littekens bedekt was. Er ontbrak een vinger en twee andere vingers waren met elkaar vergroeid. "Moeder, hoewel u erg mooi bent, kan ik de aanblik van uw rechterhand niet verdragen. Deze is zo afschrikwekkend. Na er eenmaal een blik op geworpen te hebben, wil ik er nooit meer naar kijken."

Zijn moeder was niet van streek. "Voordat jij geboren was, vloog het huis van onze buurman in brand," legde ze uit. "Ze waren naar hun werk, maar ik kon hun jonge dochter in het huis horen huilen. Ik rende zonder erbij na te denken het brandende huis in en slaagde er op de een of andere manier in om met de baby te ontsnappen. Hierbij is mijn rechterhand verbrand. Zodoende is mijn hand zo misvormd geworden."

Toen hij de woorden van zijn moeder hoorde, nam de jongen haar beschadigde hand in de zijne en kuste hem voorzichtig. "Moeder, dit is de mooiste hand van de wereld."

Het veranderen van ons jeugdige, mooie uiterlijk is slechts een kwestie van tijd. En door ongelukken of ziekte kan onze fysieke schoonheid zelfs al eerder beschadigingen oplopen. Maar in plaats van depressief te worden door gepieker over deze onvermijdelijkheid, kunnen we schoonheid van geest cultiveren. Als we liefde in praktijk brengen, ontwikkelen we een innerlijke schoonheid die nooit zal verdwijnen.

Hoofdstuk 5

De sleutel tot geluk

"Ik gaf altijd; daarom noemden de mensen mij 'Moeder.'"

– Amma

"Ik wil met u delen wat ik van Amma's ashram geleerd heb: geven. Voortdurend geven... Er is geen belangrijkere boodschap dan Amma's geven aan alle mensen uit deze streek, uit Kerala en uit India, en aan de hele wereld."

– Voormalig president van India, Dr. A.P.J. Abdul Kalam

Er was eens een vrouw die aan een vriendin vertelde wat het geheim was van haar lange, vreedzame huwelijk. "Mijn man en ik nemen twee keer per week de tijd om naar een restaurant te gaan. Een klein diner bij kaarslicht, zachte muziek en een rustige wandeling naar huis."

"Oh," zei de vriendin verrast. "Dat is gezellig. Maar weet je, in al die jaren heb ik jullie beiden nooit samen buitenshuis gezien."

"Dat kan ook niet," legde de eerste vrouw uit. "Hij gaat op dinsdag en ik ga op vrijdag."

Net zoals in dit geval denken sommige mensen dat de sleutel tot geluk ligt in het vermijden van problemen. Zelfs in India, dat door velen wordt beschouwd als het spirituele hart van de wereld, bestaat een oude filosofie onder de naam *Charvaka* die zegt dat er geen Atman, geen God, geen *Brahman*[4] is; dat het lichaam na

---

[4] De uiteindelijke waarheid achter alle eigenschappen. De alwetende, almachtige, alomtegenwoordige grondslag van het universum.

de dood tot een handvol as wordt en wij ophouden te bestaan. Daarom zeggen de Charvaka's: "Verdien geld, eet goed en wees gelukkig. Als je niet genoeg geld hebt om van het leven te genieten, leen dan geld en drink ghee.[5] Per slot van rekening weet je nooit wanneer je dood gaat."

Onlangs postuleerden wetenschappers zelfs dat geluk erfelijk is, dat we een ingebouwde geluksthermostaat hebben die door onze overgeërfde genen vooraf vastgelegd is. De wetenschappers vertellen ons dat we onze vastgestelde geluksmaat met ongeveer 25% kunnen overstijgen door ons leven te vullen met een vast dieet van eenvoudige genoegens, zo ongeveer als de Charvaka's aanbevelen. In deze theorie zitten echter enkele duidelijke gebreken. Wat te zeggen van mensen die zich niet kunnen veroorloven om hun dag te vullen met materiële genietingen en die, zelfs als ze dat zouden willen, geen geld kunnen lenen? En zelfs voor diegenen die dit wel kunnen is het bereikte geluk noodzakelijkerwijs begrensd zowel in termen van tijd als hoeveelheid. Het lichaam zal oud en ziek worden en zelfs voor die tijd kan het gewond raken. Als ons lichaam beschadigd is, wordt ons vermogen om van zintuiglijke pleziertjes te genieten nog verder beperkt. Daarom is het duidelijk de moeite waard om te onderzoeken wat de rishi's van Sanatana Dharma, die verder keken dan het lichaam, de geest en het intellect om de ware bron van vrede en gelukzaligheid te ontdekken, te zeggen hebben over de kunst en de wetenschap van het geluk.

Volgens de Indiase geschriften zijn er drie niveaus van geluk: *priya, moda en pramoda*. Priya is het geluk dat voortkomt uit het waarnemen van een gewenst object. Als we het object bezitten, wordt het geluk groter; dit wordt moda genoemd. Het geluk

---

[5] Traditioneel was ghee (geklaarde boter) een duur, luxueus artikel dat werd gebruikt om maaltijden op smaak te brengen. Zodoende werd 'het drinken van ghee' synoniem met een leven van luxe en genoegens.

dat voortvloeit uit het genieten van het object is nog intenser; dit wordt pramoda genoemd. Laten we als voorbeeld nemen dat we iemand een espresso met karamel en opgeschuimde melk zien drinken. Denkend aan deze smakelijke drank ervaren we een soort gelukkige opwinding: priya. Wanneer we er een voor onszelf bestellen en in onze handen hebben, voelen we een hoger niveau van geluk: moda. Maar het grootste geluk dat in dit geval mogelijk is, pramoda, ontstaat als we de drank drinken.

Het is onthullend als we nadenken over de reden dat de intensiteit van geluk op deze manier toeneemt. In de geschriften staat dat de mentale opwinding die ontstaat door het verlangen, verdwijnt als we van een gewenst object genieten. Deze opwinding, ofwel het verlangen zelf, verhindert dat we de altijd aanwezige gelukzaligheid van onze ware natuur ervaren.

Vanuit een andere invalshoek bekeken, kunnen we zeggen dat er een soort vergeetachtigheid optreedt: het verlangen wordt tijdelijk vergeten en onze geest wordt stil. Als de geest stil is, reflecteert hij de gelukzaligheid van het Atman duidelijker.

Hetzelfde fenomeen is ten volle werkzaam in de geëxalteerde toestand van *samadhi*. In al deze toestanden vloeit het gelukzalige gevoel voort uit het verliezen van het bewustzijn van ons ego en van het besef van het zelf als een begrensd individu. Gedachten, verlangens, de concepten 'ik' en 'mijn' zijn allemaal als wolken die het licht van de zon verduisteren, ons Ware Zelf, het Atman, dat de aard van oneindige gelukzaligheid heeft. Als onze geest leeg is, zonder gedachten en verlangens, blijft alleen de gelukzaligheid van het Ware Zelf over, zoals de zon het helderst schijnt aan een onbewolkte blauwe lucht. Het geluk is niet inherent aan het externe object, maar komt van binnenuit.

Zo komen we tot de bevinding dat ons geluk – zelfs wat we als de meest eenvoudige geneugten des levens zien – uiteindelijk niet gerelateerd is aan de objecten die we zo wanhopig nastreven.

In plaats daarvan is ons geluk direct evenredig aan de mate waarin we ons begrensde zelf vergeten bij het genieten van deze objecten. Een mahatma zoals Amma heeft geen enkele techniek nodig om geluk te verwerven. Geluk is haar natuur, maar ze geeft ons een voorbeeld om te volgen. Een van de meest treffende voorbeelden van dit fenomeen was Amma's bezoek in 2004 aan de stad Mangalore in Karnataka. De menigte was daar groter dan ooit tevoren, bijna 100.000 mensen, die allemaal verwachtten om door Amma omhelsd te worden. Om zeven uur 's avonds arriveerde Amma op het podium voor de *satsang*[6] en het zingen van bhajans. Om half tien begon ze met het geven van darshan. Ze is tot half vijf in de middag van de volgende dag niet van haar plaats geweest. Ze gaf in een hoog tempo meer dan negentien uren onafgebroken darshan. Alle mensen die het geduld hadden om te wachten ontvingen die dag Amma's darshan.

Maar voor mij was het meest opmerkelijke die dag niet het aantal mensen dat Amma knuffelde of hoe lang ze daarmee bezig was. Het meest opmerkelijke was hoe ze zich daarna gedroeg.

Men zou verwachten dat iemand na zo'n marathonzitting een week vakantie in zou plannen. Maar Amma nam niet eens één vrije dag. Amma heeft nog nooit een vrije dag genomen. Zoals gewoonlijk was er voor de volgende dag weer een programma gepland. Amma stapte vanaf het podium meteen in een auto en maakte de acht uur durende tocht naar Bangalore, de volgende plaats op haar tournee.

Ik was vooruit gereisd naar Amma's ashram in Bangalore om te helpen bij het organiseren van het programma. Onderweg naar Bangalore namen sommige swami's contact met me op om me

---

[6] Letterlijk: "verbinding met de waarheid." De hoogste vorm van satsang is samadhi of het totale opgaan in het Absolute. Satsang kan ook betekenen het in gezelschap zijn van een spiritueel meester, het samen zijn met andere spirituele zoekers, het lezen van spirituele boeken of het luisteren naar een lezing over spiritualiteit.

te laten weten dat de darshan erg laat geworden was. Hieraan denkend verzochten ze me om ervoor te zorgen dat Amma, op weg van de auto naar haar kamer, zeker niet door de menigte gehinderd zou worden.

Omdat er echter een programma gepland was voor de volgende dag, waren er al een paar honderd vrijwilligers op het terrein van de ashram. Vlak voor Amma's aankomst deed ik mijn best om de omgeving van Amma's kamer leeg te houden door de vrijwilligers te vragen om op enige afstand achter een hekje te gaan staan. Ik beeldde me in dat ze van daaruit voor Amma onzichtbaar zouden zijn.

Zodoende waren er zeer weinig mensen om Amma te begroeten toen ze uit de auto stapte, ikzelf en enkele brahmachari's. Amma's kamer was vlakbij het punt waar ze uit de auto was gestapt en we stonden op het punt om Amma naar haar kamer te laten glippen, toen het duidelijk werd dat ze haar eigen plannen had. Ze draaide de trap naar haar kamer de rug toe en liep om de auto heen naar het hek waarachter de toegewijden bij elkaar stonden. Ze had echter nog niemand gezien en daarom ging ik door met mijn pogingen om Amma te overreden om meteen naar haar kamer te gaan. Zonder naar mij te kijken vroeg Amma zich hardop af: "Waarom is er niemand anders hier? Waar zijn de toegewijden?"

Op dat moment kregen de toegewijden Amma in het oog en begonnen luid naar haar te roepen. Daarmee was het spel afgelopen. Als water dat over een dam gutst, begonnen ze te ontglippen, over het hek, eronderdoor en eromheen en renden naar Amma toe.

Ze trok zich niet terug. Pas nadat ze iedereen ter plekke prasad gegeven had, stemde Amma ermee in om naar haar kamer te gaan.

Laten we hier even bij stilstaan en ons afvragen: is dit wat wij gedaan zouden hebben? Stel je eens voor dat we de kracht bijeengeraapt zouden hebben om tienduizenden mensen te omhelzen. Laten we daarbij even buiten beschouwing laten dat niemand anders dan Amma dit ooit zo heeft gedaan. Zouden we dan niet de eerstvolgende gelegenheid te baat nemen om ons zo lang mogelijk te ontspannen?

We kunnen ons allemaal wel een moment herinneren dat we tot het uiterste van onze fysieke grenzen zijn gegaan. Als we aan het werk zijn, denken we zoiets als: "Als dit allemaal voorbij is, ga ik een week slapen." Met andere woorden, zelfs als we voor anderen aan het werk zijn, houden we ons gemotiveerd met de belofte van een toekomstig genoegen voor onszelf. Daarom kan dit niet louter onzelfzuchtig genoemd worden. Amma is echter totaal anders. Onlangs vroeg een journalist haar: "U hebt zoveel gedaan, zowel op het spirituele als op het humanitaire vlak. Hoe voelt u zich over wat u bereikt hebt?"

Hierop antwoordde Amma schouderophalend: "Ik denk altijd dat ik niet genoeg doe voor mijn kinderen. Dat is wat ik erover denk."

Mensen die echt nederig zijn denken niet dat ze minder zijn. Ze denken alleen maar minder over zichzelf.

Er was eens een professor in de filosofie die zijn studenten les aan het geven was. Hij legde een aantal ongebruikelijke voorwerpen op zijn werktafel. Toen het college begon, nam hij zonder iets te zeggen een grote lege pot en vulde deze vervolgens met stenen. Toen de pot tot aan de rand met stenen gevuld was, vroeg de professor aan de studenten of de pot vol was. De studenten stemden ermee in dat de pot vol was.

Toen nam de professor een doos met kleinere kiezelsteentjes en deed ze in de pot. De kiezelsteentjes rolden natuurlijk in de open ruimten tussen de grotere stenen. Daarna vroeg hij opnieuw aan de studenten of de pot vol was. Ze stemden er weer mee in dat de pot vol was.

De professor nam een doos met zand en deed dat eveneens in de pot. Het zand gleed in de spleten tussen de kiezelsteentjes en de grotere stenen. "En nu," zei de professor, "is de pot vol?" Deze keer hielden de studenten zich stil, omdat ze er zeker van waren dat de professor nog iets voor hen in petto had. En inderdaad, dat had hij. Hij haalde achter zijn bureau een fles water vandaan en goot deze leeg in de ogenschijnlijk volle pot.

Net als in dit voorbeeld, denken we op het eerste gezicht altijd dat we genoeg gedaan hebben. Zelfs als we een of twee goede daden op een dag doen, voelen we ons gerechtvaardigd om de rest van de dag vrij te nemen of we zeggen dat we geen tijd of energie meer over hebben. Maar Amma is in staat om naar de ogenschijnlijk volle pot te kijken en nog een beetje meer ruimte te ontdekken. Ze kan in haar schijnbaar volle agenda, altijd tijd vinden voor nog een daad van mededogen. Ze vindt in een overvolle ashram altijd wel een plekje voor nog een van haar geliefde kinderen. Zelfs nog voordat het ene enorme liefdadigheidsproject voltooid is, begint ze aan twee nieuwe. Na de aardbeving in Gujarat in 2001 was geen enkele organisatie bereid om de wederopbouw en de renovatie van de grotere dorpen op zich te nemen. Hoewel Amma toen al gestart was met haar huizenproject in het hele land en de ashram geen noemenswaardige fondsen had, stemde ze ermee in om de zorg voor de drie grootste dorpen op zich te nemen en bouwde ze uiteindelijk meer dan 1200 huizen.

Na de tsunami in Azië in 2004 bood Amma onmiddellijk aan om alle huizen in Kerala die door de ramp verwoest waren, weer op te bouwen. En in 2007, na het falen van iedere poging om de zelfmoordgolf onder de boeren in Maharashtra, Kerala en andere staten te stoppen, kwam Amma met een enorm, veelzijdig hulpprogramma.

Amma's enige wens is om haar kinderen gelukkig te zien. Maar ze weet heel goed het verschil tussen tijdelijk en blijvend geluk en dat de sleutel tot het verwerven van het laatste ligt in het zich identificeren met het geheel en niet in het enkel zoeken naar je eigen welzijn.

Een brahmachari die Amma's organisatie in het buitenland vertegenwoordigt, vertelt een prachtig verhaal over de kracht van onzelfzuchtige liefde. Een van Amma's toegewijden heeft een ernstige hersenverlamming en brengt zijn dagen in een rolstoel door. Merkwaardig genoeg, glimlacht hij echter altijd. Maar wat de brahmachari nog verrassender vond was dat hij, voorafgaand aan het bezoek van Amma aan zijn land, alle bijeenkomsten van de vrijwilligers voor het programma bezocht, hoewel hij niet in staat is om fysiek werk te doen of zelfs maar verstaanbaar te spreken.

Tijdens Amma's bezoek kwam hij bij haar met een vraag. Omdat de brahmachari altijd al medelijden met hem had, verwachtte hij dat het een soort gebed voor een genezing of iets anders in verband met zijn fysieke conditie zou zijn. Toen de man zijn vraag uitsprak, kon de brahmachari niet eens verstaan wat hij probeerde te zeggen. Maar toen degene die hem vergezelde de vraag op een begrijpelijke manier herhaalde, was de brahmachari diep geroerd. Zijn vraag aan Amma was:

"Liefste Amma, dit land is een van de welvarendste van de wereld, maar ik vind dat het in spiritueel opzicht een van de armste landen is. Ik hou van mijn land, dus wat kan ik doen om mijn land spiritueel vooruit te helpen en zijn spirituele rijkdom te vermeerderen?"

Amma keek de jongeman diep in de ogen met een liefdevolle uitdrukking van een moeder die trots is op haar zoon als hij de beste van de klas wordt. Haar ogen waren vochtig terwijl ze antwoordde: "Zoon, hieruit blijkt jouw eigen spirituele rijkdom. Met mensen zoals jij in dit land is er beslist hoop voor de toekomst. Dus maak je geen zorgen. Jouw onschuldige hart en het voorbeeld dat je stelt, zijn voldoende om anderen in de juiste richting te inspireren."

Nadat de toegewijde vertrokken was, keerde Amma zich naar de brahmachari toe en zei: "Begrijp je nu waarom hij altijd gelukkig is? Hij kon Amma om zijn eigen fysieke genezing vragen, maar in plaats daarvan verzocht hij vanuit zijn onzelfzuchtige liefde om de spirituele genezing van zijn hele land. Die onzelfzuchtige liefde is de sleutel tot geluk."

Een student ging op een dag met zijn professor wandelen. Op hun wandeling zagen ze een paar oude schoenen aan de kant van de weg liggen. Toen ze in het nabij gelegen rijstveld keken, zagen ze een arme landarbeider die zijn schoenen uit had moeten trekken om door het moeras te waden. Het was al laat op de dag en te oordelen naar zijn versleten en afgedragen kleding, was hij waarschijnlijk al lange tijd aan het werk.

De student wendde zich met een ondeugende blik in de ogen tot zijn professor en stelde voor: "Waarom houden we hem niet voor de gek. Laten we zijn schoenen verstoppen en ons verbergen achter dat hoge gras. Ik kan niet wachten om de uitdrukking op zijn gezicht te zien als hij zijn schoenen niet kan vinden."

"Dat lijkt me geen goed idee," vermaande de professor hem. "Per slot van rekening mogen we ons nooit amuseren ten koste van de armen. Maar jij bent rijk en je kunt jezelf door middel van deze man een veel groter plezier doen. Doe een biljet van 100 roepie in iedere schoen en laten we ons vervolgens verstoppen en toekijken wat de ontdekking van dit geld met hem doet."

In de veronderstelling dat hij er met dit compromis het beste vanaf kwam, stemde de student hiermee in en volgde hij de aanwijzingen van de professor op.

De landarbeider beëindigde spoedig daarop zijn werk en sjokte het rijstveld uit naar de weg waar hij zijn schoenen achtergelaten had. Hij begon zijn rechterschoen aan te doen, maar omdat hij iets onbekends voelde, bukte hij plotseling voorover om het vreemde ding uit zijn schoen te vissen. Toen hij zag wat het was, dansten verbazing en verwondering over zijn gezicht. Hij staarde naar het bankbiljet, hield het tegen het licht en draaide het om en om.

Hij keek om zich heen, maar er was nergens iemand te zien. Tenslotte stopte hij het bankbiljet schouderophalend in zijn zak en probeerde hij de andere schoen aan te trekken. Toen hij het tweede bankbiljet van 100 roepie vond, was zijn verrassing dubbel zo groot.

Overmand door emoties viel hij op zijn knieën, keek op naar de hemel en sprak een luid en hartstochtelijk dankgebed uit. Hij noemde zijn zieke en hulpeloze echtgenote en zijn kinderen die al een week geen stevige maaltijd meer genuttigd hadden. En hij dankte God voor het wonder van het geld in zijn schoenen.

Nadat de landarbeider vertrokken was, kwamen de student en zijn professor uit hun schuilplaats tevoorschijn. De student stond als aan de grond genageld. Zijn ogen waren nat van de tranen. "Wel," sprak de professor, "ben je nu niet veel gelukkiger dan je zou zijn als je jouw plannetje had uitgevoerd?"

De jongeman antwoordde: "U hebt me een les geleerd die ik nooit meer zal vergeten. Het is inderdaad zaliger om te geven dan om te ontvangen."

"Geluk is als een parfum," merkte de professor op. "We kunnen het niet over iemand anders uitgieten zonder zelf een paar druppels op te vangen."

Onlangs las ik een verhaal over drie broers die samen gingen skydiven. Terwijl zij in hun vrije val waren, raakten hun parachutes in elkaar verstrikt en het zag ernaar uit dat ze alle drie ten dode opgeschreven waren. Een van hen had echter een idee. Om de andere twee te redden maakte hij zich los van zijn eigen parachute en viel pijlsnel naar zijn einde toe. Zo maakte hij het voor de andere

twee broers mogelijk om te overleven. Zijn voorbeeld van zelfopoffering wekte zoveel verbazing dat de hele wereld er aandacht aan
besteedde, omdat het in de internationale media vermeld werd.
In feite offert Amma zichzelf in alle rust iedere dag op. Niet
omwille van twee mensen, maar voor miljoenen mensen over de
gehele wereld, zelfs voor totale vreemdelingen die ze nooit eerder ontmoet heeft. En wat krijgt ze ervoor terug? Hoe meer je naar Amma's
leven kijkt, hoe duidelijker je ziet hoe weinig ze rust, eet en slaapt.
Dit is geen geheim. Het echte geheim kent alleen Amma en is hoe
ze haar lichaam gedurende de afgelopen 36 jaren in stand gehouden
heeft, ondanks haar uiterst afmattende leven van zelfopoffering.
De boeddhistische schrijver Shantideva zegt in de *Gids voor
de levenswijze van de Bodhisattva*:

*"Als ik dit weggeef, wat zal ik dan over hebben om van te
genieten?"*
Zulk zelfzuchtig denken is de manier van demonen.
*"Als ik hiervan geniet, wat zal ik dan over hebben om weg
te geven?"*
Zulk onzelfzuchtig denken is een eigenschap van de goden.

Amma zegt: "Alleen als we met mededogen naar anderen kijken,
kan beweerd worden dat we naar binnen kijken. Het goddelijke
zaad van spiritualiteit zal alleen ontkiemen als het begoten wordt
met het water van mededogen."
Er bestaat een verhaal over het leven van de grote wijze Ramanuja dat deze kwestie illustreert. In het begin van zijn spirituele
leven, nog voordat Ramanuja door zijn goeroe Thirukottiyur
Nambi met een mantra was ingewijd, werd hij 17 keer gewei-
gerd. Iedere keer moest hij te voet een afstand van meer dan 150
kilometer afleggen. Tenslotte stemde Nambi ermee in om hem
te initiëren, maar alleen onder bepaalde voorwaarden. Nambi
vertelde Ramanuja dat de mantra alle mensen die hem zouden
reciteren, naar het hemelse rijk van Heer Vishnu zou brengen.

Als Ramanuja hem echter met anderen zou delen, zou de mantra hem naar de hel brengen.

Ramanuja stemde in met de voorwaarden en ontving de inwijding met de mantra. Maar op diezelfde reis riep hij, nog voordat hij zijn huis bereikt had, alle mensen van zijn dorp op om zich te verzamelen voor de tempel van het dorp. Toen ze daar allemaal bijeen waren, stond Ramanuja op de toren van de tempel en riep de heilige mantra zo hard als hij kon. Hij maakte bekend dat hij de mantra ontvangen had van de ongeëvenaarde goeroe Thirukottiyur Nambi met de garantie dat met deze mantra de verblijfplaats van Vishnu bereikt werd. Hij drong er bij allen op aan om de mantra met alle mogelijke enthousiasme te reciteren.

Nambi werd erg boos toen hij het nieuws hoorde. Hij haastte zich naar Ramanuja en eiste van hem dat hij vertelde waarom hij de mantra met anderen gedeeld had. Ramanuja antwoordde dat als duizenden mensen naar de hemel zouden gaan omdat hij naar de hel ging, het maar een klein offer van zijn kant was en dat hij dit offer graag bracht. Dit intens menslievende antwoord bewoog Nambi zo diep dat hij tegen zijn leerling zei: "Ramanuja, met deze daad van mededogen heb je zelfs mij overtroffen."

Er is een verhalen in het heldendicht de *Mahabharata* dat de kracht van het brengen van offers illustreert. Tegen het einde van het heldendicht, lang na de Mahabharata-oorlog toen de Pandava's ze al meer dan dertig jaar het land geregeerd hadden, besloten ze om alle gehechtheden aan het wereldse op te geven en aan hun laatste reis naar het heilige land van de Himalaya te beginnen. Dit is een lange, zware reis en een voor een stierven ze onderweg. Tenslotte was alleen de oudste, Yudhishthira, nog in leven. Yudhishthira had zijn hele leven doorgebracht met zijn streven om *dharma* (rechtvaardigheid) te belichamen. Hij had geworsteld om zijn hart te laten opengaan en om zijn geest te zuiveren. Hij had de verlichting niet bereikt, maar zijn hele leven was in overeenstemming met de leringen van zijn goeroe geweest.

En zie, een strijdwagen daalt uit de lucht af om Yudhishthira naar de hemel te brengen. Maar als hij daar arriveert, is hij geschokt als hij erachter komt dat zijn broers daar niet zijn. Hij vraagt onmiddellijk waar ze zijn. Als antwoord wordt hij door een donkere gang geleid. Naarmate hij verder loopt, wordt de omgeving donkerder en beangstigender. Hij komt langs meren van kolkend vuur en langs gieren die hun maaltijd nuttigen op stapels lijken. Omdat Yudhishthira denkt dat het een of andere wrede truck is – zijn broers zouden vast en zeker niet op zo'n plaats verzeild raken – besluit Yudhishthira om terug te keren. Maar zodra hij omkeert, hoort hij de lichaamloze stemmen van zijn broers zijn naam roepen, hem smekend om niet weg te gaan. "Ga niet weg," zeggen ze. "Je aanwezigheid hier is als een koele bries en geeft ons tenminste enige verlichting van dit kwellende bestaan."

Op dit moment zegt Yudhishthira: "Als mijn broers in de hel zijn, ben ik niet in geïnteresseerd in de hemel. Als mijn aanwezigheid hun ook maar een klein beetje troost geeft, hoe kan ik dan overwegen om weg te gaan? Ik weiger om zonder hen te vertrekken."

Zodra Yudhishthira deze woorden uitspreekt, verandert zijn omgeving volkomen. Hij bevindt zich weer in de hemel, omringd door zijn broers. Zijn reis naar de hel bleek een drama te zijn dat was opgezet om het uiteindelijke opbloeien van Yudhishthira's mededogen teweeg te brengen. In zijn bereidheid om omwille van anderen af te zien van zijn persoonlijke gemakken en genoegens vond Yudhishthira de hemel, de ware hemel. Geen hoog in de wolken gelegen stad van goud, maar de eeuwigdurende hemel van een meedogend hart.

Hoofdstuk 6

Van leunen tot leren

"Al lange tijd scheen het mij toe dat het leven, het echte leven, op het punt stond te beginnen. Er zat echter altijd iets in de weg, iets wat eerst doorleefd moest worden, iets wat niet af was, tijd die nog ten dienste van iets moest worden doorgebracht, een schuld die nog betaald moest worden. Daarna zou het leven beginnen. Uiteindelijk kwam ik tot het besef dat deze obstakels mijn leven waren."

– Alfred D'Souza

Op zekere dag zag een wijze man iemand mistroostig aan de kant van de weg zitten. De wijze stopte en vroeg aan de wanhopige man wat hem dwars zat.

"Er is niets interessants in het leven," zuchtte de man op de grond. "Ik heb voldoende geld zodat ik niet hoef te werken en ik heb verre en lange reizen gemaakt op zoek naar iets wat boeiender is dan mijn leven thuis. Maar helaas, tot op de dag van vandaag heb ik dat niet gevonden."

De wijze man luisterde geduldig naar de rampspoed van de andere man. Toen deze was uitgesproken, bukte de wijze man plotseling en greep zonder waarschuwing de knapzak van de reiziger. Hij maakte zich over de weg uit de voeten, rennend als een konijn. Hoewel de andere man meteen opsprong en achter hem aan ging, kende de wijze man het gebied goed en kon hij de ander makkelijk van zich afschudden. Omdat hij af en toe een kortere weg nam, was de wijze man snel terug op de weg, een heel eind voor de man die hij zojuist beroofd had. Hij zette de knapzak aan de kant van de weg en wachtte totdat de wanhopige reiziger eraan kwam.

Al gauw verscheen de ongelukkige man, buiten adem en met een zeer wanhopige uitdrukking vanwege zijn verlies. Maar zodra hij zijn eigendom aan de kant van de weg zag liggen, rende hij er, schreeuwend van vreugde, op af.

"Dit is één manier om geluk teweeg te brengen," gaf de wijze man droog als commentaar.

Alle mensen willen zoveel mogelijk gelukkig zijn en zo min mogelijk verdriet hebben. Recent onderzoek door een psycholoog van Harvard, Daniel Gilbert wijst erop dat alles wat we denken, doen en zeggen een poging is om de mate van ons geluk nu of ergens in de toekomst te vergroten. Dat lijkt misschien vanzelfsprekend, maar zijn onderzoek laat ook zien dat mensen er niet goed in zijn om te voorspellen hoe ze zich bij bepaalde gebeurtenissen zullen voelen. Doelen worden gehaald of niet gehaald, bezittingen worden gewonnen of verloren, relaties verzachten of verzuren, maar in bijna alle gevallen voelen we ons niet zo gelukkig of zo bedroefd als we verwacht hadden. Vanuit een spiritueel standpunt weten we dat dit zo is omdat geluk niet buiten ons te vinden is, maar binnen in ons. Ieder genoegen dat we in de wereld beleven is slechts een zwakke afspiegeling van het geluksgevoel dat inherent is aan ons Ware Zelf.

Hoe zit het met verdriet? Als we niet zo bedroefd zijn als we verwacht hadden – als de hele wereld niet instort als wij met tegenslagen te maken krijgen, als het leven doorgaat – dan is verdriet misschien niet iets wat zo instinctmatig en zo heftig vermeden en bestreden moet worden. Hebben we ons bovendien ooit voorgesteld hoe het dagelijkse leven er zonder enige beproevingen en rampspoed uit zou zien, als iedere wens die we hadden onmiddellijk vervuld zou worden? Zonder uitdagingen of moeilijkheden in het leven, zou onze geest zwak worden, zouden onze talenten blijven sluimeren en zouden onze capaciteiten wegroesten. Als spiritueel aspirant kunnen we ons best doen om iedere uitdaging te verwelkomen als een kans om onze mentale capaciteiten te vergroten, positieve eigenschappen te ontwikkelen en ons over te geven aan God. Dit is beter dan het uit de weg gaan van iedere moeilijkheid.

Voor de meeste mensen is lijden gewoon een deel van het leven op aarde. We hoeven dit alleen maar te vragen aan de miljoenen mensen die leven in troosteloze armoede en in door oorlog geteisterde gebieden. Zij zullen ons vertellen hoeveel lijden er in het leven is. We hoeven het alleen maar aan Amma te vragen. Zij heeft de ellende aangehoord van miljoenen mensen over de hele wereld die naar haar toe kwamen voor troost, leiding en genade. Veel mensen verlangen naar een gouden eeuw, waarin iedereen op aarde evenveel voorspoed heeft. Ze vragen zich af: "Waarom moeten mensen lijden?"

Er bestaat een prachtig verhaal dat tenminste een gedeeltelijk antwoord op deze vraag geeft. Een prins vroeg aan zijn vader, de koning: "Waarom is er zoveel ongelijkheid in uw koninkrijk? U hebt genoeg rijkdom in de schatkamer van het paleis om iedereen rijk te maken. Waarom doet u dat niet? Met slechts één pennenstreek, kunt u in het gehele land het lijden laten verdwijnen."

De koning die een zwak voor zijn zoon had, vervulde zijn wens, hoewel hij wist dat het resultaat wel eens anders zou kunnen zijn dan zijn zoon verwachtte. Hij gaf zijn schatbewaarder opdracht om de schatkisten van het paleis te openen en hij verspreidde overal het bericht dat alle onderdanen van de koning konden komen om te nemen wat ze wensten. De rijkdommen van de koning stroomden als een rivier het paleis uit en alle onderdanen van de koning leefden in luxe en kenden nooit gebrek.

Enige tijd later begon het dak van het paleis vreselijk te lekken. Het was tijdens het regenseizoen en zelfs de slaapkamer van de prins stond gedeeltelijk onder water. De prins riep zijn bedienden om hem te helpen zijn kamer weer droog te maken. Hem werd echter verteld dat de bedienden nu allemaal rijk waren, hun baan hadden opgegeven en voorgoed naar huis gegaan waren. Iedere ochtend moest de prins het water uit zijn kamer hozen. Hij gebruikte een emmer om het water uit het raam te gooien. Toen hij naar werklui vroeg om het dak van het paleis te repareren, werd hem verteld dat er geen werklui in het koninkrijk meer waren. Zonder metselaars, timmerlieden en andere ambachtslieden raakten niet alleen het paleis, maar ook alle andere gebouwen in het koninkrijk in verval. En wekenlang had niemand de moeite genomen om het vuilnis op te halen of de straten schoon te maken. Steeds als de prins een voet buiten het paleis zette, begonnen onderdanen tegen hem te klagen. Iedereen had geld genoeg, maar het geld was waardeloos geworden. Niemand hoefde de kost te verdienen en daarom had niemand enige neiging tot werken. In plaats van de hemel op aarde te creëren, had de prins het hele koninkrijk in armoede gestort. Tenslotte was de prins gedwongen om de koning te smeken zijn bevel in te trekken. De koning vervulde nogmaals de wens van de prins. Op bevel van de koning gaven de onderdanen de rijkdommen terug en begonnen weer te werken. Zodoende werden harmonie en voorspoed in het koninkrijk hersteld.

Er wordt van ons niet gevraagd om verdriet uit te nodigen, maar wel om het te accepteren als een natuurlijk en onvermijdelijk onderdeel van het leven. Verdriet zal immers toch op ons pad komen, zelfs als we het niet uitnodigen. Daarom is het beter om erop voorbereid te zijn zodat we in staat zijn om op een positieve en constructieve manier te reageren.

Een leerling viel tijdens de lessen met zijn hoofd op tafel in slaap. De lerares droeg hem op om voor straf drie keer om de speelplaats van de school heen te rennen. Gehoorzaam ging de leerling driemaal de speelplaats rond en keerde daarna terug naar het leslokaal. De student kwam niet berouwvol, maar verfrist en ontspannen binnen. Dit maakte de lerares razend en daarom beval zij de student om de volgende twee dagen voor het begin van de lessen hetzelfde te doen. De twee volgende dagen zag men de leerling vroeg op school komen en volgens de instructies van de lerares joggen. Op de vierde dag echter, zag de lerares dat de student nog steeds voor de lessen zijn rondjes hardliep. Toen de leerling de klas binnenkwam, zei ze tegen hem: "Je bent genoeg gestraft. Ik vroeg je om dit maar drie dagen te doen. Je hoeft er niet mee door te gaan."

De student antwoordde opgewekt: "Weet u, na de eerste keer hardlopen voelde ik me zo levendig. Ook was ik veel beter in staat om de lessen te volgen dan voorheen. Nu wil ik er niet meer mee ophouden!"

Zo kan leven in deze wereld ofwel een proces van *leren* ofwel een proces van *leunen* zijn. Of we leren van alle ervaringen die het leven ons brengt of we leunen voor steun op mensen en dingen. Er is maar een klein verschil tussen deze twee woorden, de letter R.[7] Die R staat voor Reflectie over en de heRinneRing aan God en voor de Renunciatie (onthechting) die we in ons dagelijks leven beoefenen.

Een journalist vroeg eens aan Amma: "Was er een bepaalde gebeurtenis die in uw jeugd invloed op u had?" Amma gaf ten antwoord: "De tranen, het lijden en de pijn van andere mensen hebben mij beïnvloed. Ik troostte hen en gaf hun liefde."

---

[7] In het Engels is deze woordspeling duidelijker: het verschil tussen leaning en learning is daar alleen de letter R, die staat voor Reflection, Remembrance of God en Renunciation.

Amma zelf werd nooit door verdriet overmeesterd. Wat later in datzelfde interview vroeg de journalist aan Amma om een gelukkig moment uit haar jeugd op te roepen en hij herinnerde haar aan de dagen dat ze alleen langs het strand liep, terwijl ze devotionele liederen voor God zong. Maar Amma antwoordde: "Ik dacht niet aan God of zong zijn naam niet om gelukkig te worden. Als ik langs het strand liep, herinnerden de golven me aan het geluid van een tanpura en dan zong ik liederen die daarop afgestemd waren. Ik deed dit, maar niet om gelukkig te worden, want ik was altijd gelukkig. De gevoelens die ik in de liederen tot uitdrukking wilde brengen, waren reflecties van het verdriet en het verlangen dat ik in de mensen voelde."

Hoewel Amma duidelijk de eenheid die alles in de schepping doordringt, kon waarnemen, was ze zo bewogen door het lijden van degenen die deze eenheid niet konden zien, dat ze naar hen toe ging om hen te troosten en op te beuren. Amma legt uit: "Als ik hun lijden zag, vergat ik mijzelf en mijn eigen behoeften. Ik droogde gewoonlijk hun tranen en troostte hen. Ik liet hen op mijn schoot rusten of het hoofd op mijn schouder leggen. Andere mensen die mij dit zagen doen, wilden dan dat ik dit ook voor hen deed. Langzaam ontstond er een rij. Zo is deze manier van darshan geven begonnen. Mensen kwamen om uit te huilen. En als ze hun verdriet met mij deelden, identificeerde ik me met hen. Als onze rechterhand pijn doet, zal onze linkerhand hem vanzelf liefkozen en verzorgen, omdat we beide handen als 'van mij' zien. Op dezelfde manier zag ik deze mensen niet als gescheiden van mijzelf."

Aan het voorbeeld van Amma kunnen we zien dat het niet alleen mogelijk is om ondanks persoonlijk lijden liefhebbend en vreedzaam te zijn, maar dat het vaak juist dit persoonlijke lijden is dat ons helpt om te rijpen, ons te ontplooien en te groeien. Het Sanskriet woord *tapas* kan zowel warmte als verdriet betekenen.

Dit verwijst ernaar dat verdriet de warmte levert die we nodig hebben voor onze groei, net zoals planten de warmte van de zon nodig hebben om te gedijen.

Dit was zeker zo voor een Turkse vrouw na de enorme aardbeving in Turkije. Haar woorden werden in de krant aangehaald: "Moge God mijn ergste vijanden voor een dergelijk lot behoeden." Deze traumatische ervaring liet haar hart opengaan. Plotseling was ze aan het bidden voor degenen die ze als vijanden zag. Er bestaat een soortgelijk verhaal over een van Amma's brahmachari's. Hij ging naar het door de aardbeving verwoeste gebied in Gujarat om daar nieuwe dorpen op te bouwen. Tijdens zijn verblijf daar werd hij erg ziek. Sommigen van ons bezochten hem tijdens zijn herstelperiode in het ziekenhuis. We verwachtten dat hij, als we de kamer binnen zouden komen, zou beginnen over zijn pijn of zou vragen om iets anders te eten dan het voedsel van het ziekenhuis. Maar het eerste wat hij zei was: "Is er nog iemand ziek geworden met dezelfde kwaal?"

We zeiden tegen hem dat hij zich geen zorgen hoefde te maken over anderen, maar dat hij zich alleen maar hoefde te richten op zijn eigen herstel. Hoofdschuddend lichtte de brahmachari toe: "Deze ziekte is zo onverdraaglijk; dit zou niemand mogen doormaken."

Amma zegt dat God ons niet straft, maar dat er enkele universele wetten zijn die de schepping doen functioneren en regelen. Zoals het gezegde is: "Je kunt de wet niet breken, je kunt alleen jezelf op de wet breken." Iedere ervaring in het leven is bedoeld om ons naar de ware bron van geluk in ons te leiden. Het is aan ons of we deze gelegenheden te baat nemen of niet. Het is voor ons eigen bestwil om uit iedere vorm van lijden in ons leven het maximale aan spirituele groei te halen.

Aan het voorbeeld van Amma kunnen we zien dat het accepteren van alle situaties zonder ons hart te sluiten of bang te worden, het kenmerk van ware spiritualiteit is. Amma zegt: "Laten we proberen om de problemen van het leven moedig onder ogen te zien door te denken: 'Niets kan me verslaan of eronder krijgen. Ik ben een kind van God.' Probeer niet om weg te rennen van problemen in je leven; dat zal ze enkel meer kracht geven om je te overmeesteren. Een waarlijk spiritueel persoon is noch bang voor verlies, noch voor de dood."

Op een dag gingen twee mannen eropuit om iets te drinken. Een van de mannen bleef maar drinken. Tenslotte vroeg zijn vriend hem: "Hé, waarom drink jij zoveel?"

Hij antwoordde: "Ik probeer mijn verdriet te verdrinken."

"Werkt dat?" vroeg zijn vriend.

"Nee," zei de tweede man met een lang gezicht. "Helaas hebben mijn problemen geleerd om te zwemmen."

Uitdagingen in het leven dwingen ons om keuzes te maken tussen wat goed is en wat alleen maar plezierig is. De dingen die onze zintuigen strelen bieden ons in moeilijke tijden weinig hulp. Natuurlijk zijn we niet allemaal in staat om de moed te verzamelen die een brandweerman nodig heeft om een brandend gebouw in te rennen of hebben we de innerlijke kracht niet die een soldaat op het slagveld nodig heeft. Maar wij kunnen allemaal van Amma de moed leren om de uitdagingen waarvoor het leven ons stelt onder ogen te zien, zelfs als we deze zo nu en dan ervaren als een brandende hel. Wij kunnen allemaal van Amma de kracht leren die we nodig hebben om onze innerlijke vijanden als angst, boosheid, jaloezie en andere negatieve eigenschapen onder ogen te zien.

Amma zegt dat omstandigheden een van de beste manieren zijn om onze spirituele vooruitgang te testen, omdat ze de dingen die onder de oppervlakte liggen, naar boven brengen. Als de omstandigheden er naar zijn, kunnen al onze angsten en zwakheden in een enkel ogenblik duidelijk worden, evenals onze sterke eigenschappen. In Amma's aanwezigheid is er veel gelegenheid om onze opvliegendheid, ongeduld en andere negatieve eigenschappen te ontdekken.

Op een keer ging een Westerse bezoeker van de ashram naar een brahmachari en vertelde enige van zijn problemen. Hij zei: "Nog maar kort geleden had ik in de tempel een fantastische meditatie met Amma. Plotseling gaat deze grote man met veel haar vlak voor mij zitten. Hij zat praktisch op mijn schoot en ik kon Amma helemaal niet meer zien. Plotseling verschoof de aandacht van mijn meditatie. Ik kon er alleen nog maar aan denken hoe het zou zijn om deze man te slaan en aan dat haar van hem de tempel uit te slepen."

Wanneer we moeilijkheden in ons leven krijgen, helpt het om eraan te denken dat God zijn ogen niet voor onze ellende sluit, maar onze ogen opent voor de Waarheid. In feite komt er een einde aan onze onwetendheid en ons ego ten gevolge van de rijpheid die we uit deze levenslessen krijgen. Misschien heeft Amma dit in gedachten als ze zegt: "Aan het einde, zal iedereen naar binnen keren."

Er was eens een meisje dat aan haar moeder vertelde hoe alles in haar leven fout ging: ze maakte geen vorderingen met algebra, haar vriend had de relatie verbroken en haar beste vriendin ging verhuizen. Terwijl ze luisterde, bakte haar moeder een cake. Plotseling hield ze met haar bezigheden op en vroeg aan haar dochter of ze een hapje wilde. De dochter antwoordde: "Natuurlijk, ik kan jouw cake nooit weerstaan."

"Hier is wat bakolie," bood haar moeder aan.

"Bah," protesteerde het meisje.

"Of wil je een paar rauwe eieren?"

"Walgelijk, mam!"

"Wil je dan wat meel? Of misschien wat bakpoeder?"

"Mam, dat is allemaal onsmakelijk!"

De moeder van het meisje antwoordde: "Precies, al deze dingen lijken op zichzelf slecht te zijn, maar als ze op de juiste manier bij elkaar gebracht worden, vormen ze een verrukkelijke cake."

Op dezelfde manier vragen we ons vaak af: "Wat heb ik gedaan om dit te verdienen?" of "Waarom moest God mij dit aandoen?" Natuurlijk is bij een grondige analyse alles wat ons overkomt het resultaat van onze eigen handelingen in het verleden, in dit leven of in een vorig leven. Het is echter ook waar dat alle levende wezens zich bewegen in de richting van uiteindelijke bevrijding en dat de moeilijke situaties en uitdagende omstandigheden die op onze weg komen, gelegenheden zijn om te leren en te groeien. Te vaak echter, zien we door de bomen het bos niet, zien we achter gebeurtenissen en levensomstandigheden het grotere goede niet.

Amma beschrijft de houding die een spiritueel zoeker bij het onder ogen zien van zijn karma moet hebben. Ze zegt: "Een zoeker maakt zich geen zorgen of hij voorspoed of tegenspoed heeft. Hij weet dat zijn karma als een pijl is die al van de boog is weggeschoten. Niets kan hem stoppen. De pijl kan hem kwetsen, verwonden of zelfs doden, maar voor hem doet dat er niet toe. Hij wil niet weglopen voor zijn karma omdat hij weet dat het gaat om een proces van zuivering van schandvlekken die hij in het verleden, in een vorig leven, gecreëerd heeft. En bovendien zal de ware zoeker altijd de bescherming en de genade van de goeroe genieten."

We kunnen zien hoe een trapezewerker, hangend aan de enkels van een andere acrobaat, op grote hoogte salto's makend en andere verbazingwekkende kunsten verrichtend, over grote afstanden van de ene trapeze naar de andere springt, en dat allemaal met een stralende glimlach op zijn gezicht. We zouden kunnen zeggen dat de trapezewerker dit allemaal doet voor geld of omwille van roem of omdat hij gewoon van het gevoel houdt.

Maar wat hem in staat stelt om het, zonder door angst verlamd te raken, met zoveel vertrouwen en sierlijkheid te doen, is de onwrikbare wetenschap dat hij niet ter aarde kan storten. Er is een net tussen hem en de vloer. Op dezelfde manier hebben wij niets te vrezen en kunnen we niet verslagen worden door iets wat het leven ons brengt, als we weten dat we veilig in Amma's armen zijn, dat ze ons nooit zal verlaten, zelfs niet in de dood.

Amma zegt dat datgene waarin onze geest voortdurend rust, onze "toevlucht" is. Het kan positief, negatief, binnen of buiten zijn. Het is goed om eraan te denken dat wij uiteindelijk slechts teleurgesteld zullen worden en zullen lijden als we onze toevlucht nemen tot iets anders dan God of de goeroe.

Er is een vers in de *Srimad Bhagavatam*:

Neem je intrek bij de heiligste heiligen:
de wijzen die hun leven aan God wijden.
En leer van hun gedrag te leven zoals je moet leven
om in dit uitgestrekte universum alleen maar Een te zien.

Enige jaren geleden speelde Amma met de baby van een toegewijde in het zwembad. De baby raakte gefascineerd door de waterstraal die uit een van de spuitgaten aan de rand van het zwembad stroomde. Af en toe dekte Amma de waterstraal af zodat deze helemaal stopte. De baby raakte hiervan in de war. Hij duwde Amma's hand steeds opnieuw weg, zodat het water weer kon stromen. Amma bewoog haar hand geleidelijk steeds verder omhoog langs de waterstraal totdat ze bij het spuitgat was waaruit de straal kwam. Zo kon de baby zien waar het water werkelijk vandaan kwam. Zo slaagde Amma erin om de aandacht van de baby van de waterstroom af te leiden en op de bron van waaruit het water stroomde te richten.

Zo ook is Amma's manier om ons los te weken van onze afhankelijkheid van de wereld – en om ons te helpen om tenslotte alleen bij God onze toevlucht te zoeken – bij uitstek het toonbeeld van geduld, volharding en standvastigheid. Net zoals de baby in eerste instantie volledig verdiept was in de waterstroom, worden wij betoverd door de schijnbare werkelijkheid van de veranderende wereld om ons heen, die alleen maar een projectie van de geest is. En net zoals Amma met tussenpozen de waterstroom onderbrak, berooft God ons van tijd tot tijd van de dingen waarnaar we hunkeren en creëert daarmee verwarring en lijden in ons leven. En net zoals de baby Amma's hand wegduwde, zo bieden wij weerstand tegen Amma's onvermoeibare pogingen om ons de werkelijke aard van de wereld te leren en begrijpen we niet dat ze ons uit mededogen probeert te redden van onze waanideeën. En zo helpt het lijden in het leven ons echt om onze aandacht van de dingen van de wereld af te leiden en te richten op de innerlijke bron van al het geluk dat we ervaren.

Onlangs vroeg een televisieverslaggever aan Amma: "Als u terugdenkt aan uw nederige begin, verwondert u zich er dan niet over hoe groot uw organisatie en uw aanhang in zo'n korte tijd geworden zijn?"

Amma antwoordde: "Ik ben niet verbaasd, omdat grote dingen uit kleine dingen voortkomen. Daarom vind ik het geen wonder." Vervolgens voegde ze eraan toe: "Als iedereen op aarde gelukkig zou zijn, zou *dat* een wonder zijn."

Hoofdstuk 7

Je draagt een diamant bij je: spiritualiteit is echte rijkdom

"Voor het leiden van een zuiver en onzelfzuchtig leven mag men te midden van overvloed niets als eigendom beschouwen."

– Boeddha

Onlangs las ik een verhaal over een man die honderd miljoen dollar in een loterij gewonnen had. Toen hij het geld ontving, wist hij dat zijn leven van de ene op de andere dag zou veranderen. Wat hij niet wist was dat de veranderingen niet noodzakelijkerwijs ten goede zouden zijn.

Voordat hij de loterij won, was hij een gelukkig getrouwde, redelijk succesvolle zakenman met kleinkinderen die al tieners waren. Na het winnen van de loterij en de publiciteit daarover, stortte zijn leven in: herhaaldelijk werd er in zijn woning ingebroken en werden zijn auto's gestolen. Hij kwam in slecht gezelschap terecht dat hem, zoals hij zelf zei, overreedde om dingen te doen die hij daarvoor nooit gedaan had. Uiteindelijk werd hij gearresteerd wegens rijden onder invloed en verloor hij zijn rijbewijs. Zijn vrouw verliet hem en zijn kleindochter overleed aan een overdosis drugs. De man zegt nu dat hij het geld met alle plezier wil teruggeven als hij zijn oude leven weer terug kon krijgen.

Hoe dieper we in het wereldse leven ondergedompeld raken, hoe noodzakelijker spiritualiteit wordt. Amma zegt dat er geen manier is om te differentiëren tussen spiritualiteit en het wereldse leven. Spiritualiteit is niets meer of minder dan de wetenschap hoe het leven goed te leven. Het is de gebruiksaanwijzing voor lichaam, de geest en het intellect van de mens.

Het leven is veel subtieler en complexer dan wij ons kunnen voorstellen. Om echt gelukkig te leven is een speciale innerlijke vaardigheid nodig om goed gebruik te maken van alles wat op onze weg komt. Wat is het nut van de dingen van de wereld voor ons als we niet goed begrijpen hoe we moeten leven en hoe we van de dingen in de wereld gebruik moeten maken? Hoeveel zogenaamd 'succesvolle' mensen werken keihard om een luxe auto te kunnen kopen, enkel en alleen om onder invloed een ongeluk te krijgen? We kunnen materiële welvaart en gemakken najagen, maar er is een spiritueel meester zoals Amma nodig om ons het subtiele innerlijke begrip te leren hoe we alle rijkdom en comfort op de juiste manier kunnen gebruiken. Ons falen om de aard van de wereld te begrijpen en ook het ontbreken van de emotionele kracht die we nodig hebben om ons begrip in praktijk te brengen houden blijvende vrede en geluk buiten ons bereik.

We kunnen geen geluk zoeken alsof we in een vacuüm leven en totaal onafhankelijk zijn van de maatschappij en de wereld. Zo'n houding ontkent de realiteit van het leven, de wetten van de natuur en van het universum, zelfs eenvoudige wetenschappelijke feiten.

Onlangs heb ik een verhaal gelezen dat dit punt illustreert. De gemiddelde kosten van het opknappen van zeehonden na een bepaalde olieramp waren 80.000 dollar. Twee van zulke dieren werden met een speciale ceremonie en onder de aanmoedigingen en het applaus van de toeschouwers weer in het wild losgelaten. Nog geen minuut later werden zij beiden opgegeten door zwaardwalvissen. Iedereen was met afschuw vervuld en diep teleurgesteld bij de gedachte dat al hun inspanningen voor niets waren geweest.

Maar is het niet in ons belang om het gehele ecosysteem te behoeden? En is de zwaardwalvis ook niet een deel van het ecosysteem? Als het netto resultaat iets goeds voor de omgeving betekende, kan niemand zeggen dat het een slecht ding was. Maar het was zeker niet wat iedereen wenste of verwachtte. Daarom waren ze diepbedroefd.

Hoewel de inspanningen van de mensen die betrokken waren bij dit project beslist prijzenswaardig zijn, kunnen we zien dat de toeschouwers vanwege hun verlangen dat de zeehonden zouden gedijen, de realiteit van het leven in het wild uit het oog verloren en zichzelf daarmee teleurstelling op de hals haalden. Zelfs als we iets om een goede reden doen, merken we vaak dat we onbewust heel wat gehechtheid aan het resultaat creëren. Als de dingen zich niet volgens onze verwachtingen ontwikkelen, kunnen we ons enthousiasme verliezen en zo onze pogingen opgeven om anderen te helpen en een positieve verandering in de wereld tot stand te brengen. Uiteindelijk bepalen dan niet het goede resultaat voor het geheel, maar onze eigen verwachtingen en verlangens onze reactie op situaties.

Er is een verhaal over het vroege leven van de grote heilige Tulsidas dat laat zien hoe we door verlangens en gehechtheden verblind kunnen worden. Op zekere dag was Tulsidas niet thuis toen zijn vrouw een bericht van haar ouders kreeg met het dringende verzoek om naar hun huis in een dorp op de andere oever van de Ganges te komen. Toen Tulsidas thuiskwam en zijn vrouw niet aantrof, werd hij rusteloos. Hij wilde onmiddellijk in haar aanwezigheid zijn en besloot om haar meteen op te zoeken. Het regende flink en het waterpeil van de Ganges was gestegen. Hoewel hij niet kon zwemmen en geen boot kon vinden, was hij niet uit het veld geslagen. Toen hij een lijk in de rivier zag drijven, greep hij het zonder aarzeling vast en maakte er gebruik van om de rivier over te steken. Tegen de tijd dat hij het huis van zijn schoonouders bereikte, was het al laat en was het huis gesloten. Omdat hij niet bereid was om tot het ochtendgloren te wachten, klom hij heimelijk over de muur en klauterde het dak op. Daar greep hij iets waarvan hij dacht dat het een touw was. Daarmee probeerde hij door haar raam naar binnen te zwaaien. Het touw bleek echter een slang te zijn. Zodra hij hem beetpakte gleed de slang weg. Dientengevolge viel Tulsidas als een hoopje op de vloer van de kamer van zijn vrouw. Zijn hemd was gescheurd, hij was doornat en zijn lichaam was doordrenkt van de stank van het lijk. Zijn vrouw herkende hem niet en schreeuwde: "Dief!"

Tulsidas probeerde haar te troosten met de woorden: "Ik ben niet zomaar een dief, maar de dief van jouw hart."

Zijn vrouw was niet onder de indruk. "Ben je zo gehecht aan een vrouw dat je het niet kunt verdragen om één nachtje zonder haar door te brengen? Als je maar half zoveel aan Heer Rama gehecht zou zijn, dan zou je hem lang geleden al bereikt hebben.

Bij het horen van deze woorden onderging Tulsidas een volledige transformatie. Hij wijdde de rest van zijn leven aan contemplatie op Heer Rama. Hij maakte zelfs zijn eigen versie van de *Ramayana*, de *Ram Charit Manas,* die ook tegenwoordig nog veel gelezen wordt.

Net zoals Tulsidas verblind werd door zijn verlangen, verliezen ook wij vaak het zicht op het grote geheel omdat we onmiddellijke bevrediging zoeken. Maar we zullen vanzelf naar binnen gaan kijken als we de beperkingen van verlangens beginnen te begrijpen.

De helft van ons leven maken we ons zorgen, omdat we proberen iets te vinden wat we kunnen doen met de tijd die we probeerden uit te sparen door haastig te leven. Aan het eind denken we: "Wat een prachtig leven heb ik gehad! Ik zou alleen willen dat ik me dat eerder gerealiseerd had." Dit wil niet zeggen dat inactiviteit het wezen van spiritualiteit is; als dit zo was dan zouden alle levenloze bomen en rotsen de grootste wijzen in de wereld zijn. Wat nodig is, is handelen zonder gehecht te raken aan de resultaten van dit handelen. Dit zien we bij Amma. Dit is handelen met mentale kalmte, met een evenwichtige geest. In de *Bhagavad Gita* (2.49) vertelt Sri Krishna aan Arjuna:

dūreṇa hyavaraṁ karma buddhiyogād-dhanaṁjaya
buddhau śaraṇam anviccha kṛpaṇāḥ phalahetavaḥ

Gedreven handelen is zeer inferieur aan handelen met gelijkmoedigheid van geest, o Dhananjaya;
Neem je toevlucht tot evenwichtigheid van geest;
zoekers van resultaten zijn beklagenswaardig.

Minder passie betekent niet dat we over het geheel minder energie hebben. Het betekent eerder dat we minder energie verbruiken voor emoties en dat we meer energie over hebben om andere mensen te dienen. Dit is in feite de beste en meest waarachtige techniek van management van hulpmiddelen: het op de meest efficiënte manier besteden van onze beperkte menselijke energie ten gunste van de wereld. Iemand die altijd aan de genade van zijn emoties is overgeleverd, zal nooit in staat zijn om veel gedaan te krijgen. Een belangrijk onderdeel van management op welk gebied dan ook is het reduceren van verspilling en het doen toenemen van efficiëntie. Een niet beteugelde geest verspilt tijd en energie door te sterk op situaties te reageren, door over het verleden te piekeren en door zich zorgen te maken over de toekomst. Zo'n geest is ook inefficiënt door zijn onvermogen om de essentiële principes die in iedere situatie aan het werk zijn, waar te nemen. Degenen die werkelijk in de wereld presteren, hebben een evenwichtige en flexibele geest; ze zijn vergevingsgezind, geduldig en hebben nog meer van zulke eigenschappen.

Als we goed naar Amma kijken, zien we dat ze nooit enige tijd of energie verspilt. Zelfs tijdens het geven van darshan, zal ze honderd andere dingen afhandelen: interviews met journalisten, een lange lijst met vragen over het management van haar vele liefdadigheidsinstellingen, persoonlijke aandacht geven aan toegewijden en leerlingen die leiding nodig hebben, wijzen op manieren om het de verzamelde menigte gemakkelijker te maken en uitdelen van mantra's en spirituele namen.

Natuurlijk doen andere mensen op het fysieke vlak dingen die op het eerste gezicht misschien hetzelfde lijken als wat Amma doet. Maar laten we dit eens nader bekijken. Er zijn bijvoorbeeld enkele mensen die ervan houden om te knuffelen. Misschien kunnen ze zelfs meer omhelzingen uitdelen dan de gemiddelde mens. Maar hebben ze het geduld om iedere dag weer, vele jaren lang, zonder voedsel of slaap, duizenden mensen aan een stuk door te omhelzen? Sommige topmanagers besturen net als Amma verschillende instituten tegelijkertijd, maar kunnen ze ook, net zoals Amma, een voorbeeld van onthechting en opoffering stellen? Sommige mensen hebben veel kennis over de buitenwereld, maar kunnen ze ook het hart en de geest van hun medemensen kennen en begrijpen?

Zelfs iemand die alleen maar naast Amma zit en luistert naar alle problemen die haar voorgelegd worden, is spoedig uitgeput, hoewel hij niet eens degene is die oplossingen moet geven. Amma biedt toegewijden ook de gelegenheid om meer tijd dichtbij haar door te brengen door hen een bepaalde taak te geven, zoals het in Amma's hand leggen van de prasad die ze aan de toegewijden geeft. Maar Amma geeft vaak in een zo snel tempo darshan en er doen zich om haar heen zoveel afleidingen voor, dat zelfs deze eenvoudige taak voor de meeste mensen te veel blijkt te zijn. En dat terwijl Amma met een dozijn taken tegelijkertijd bezig is en deze allemaal bevallig en perfect uitvoert.

We moeten ook niet vergeten dat Amma gedurende zulke marathonzittingen niet alleen mensen omhelst, hoewel dat op zichzelf al een wonder is. Amma *praat* ook nog met iedereen die voor darshan komt. Ze troost mensen, beantwoordt hun vragen, geeft adviezen of wenst mensen geluk met iets wat ze goed gedaan hebben. Zodoende praat Amma iedere dag onafgebroken 12 uur of langer. Bovendien zingt ze ook elke dag bhajans. De meeste mensen beginnen hun stem te verliezen als ze slechts twee dagen achter elkaar onafgebroken moeten praten. En soms wordt Amma's stem schor. Maar een ogenblik later kan ze, alsof het door de kracht van haar wil is, spreken of zingen op de volle sterkte van een redenaar of van een getrainde zangeres – hoewel zulke mensen op de dag van hun optreden hun stem volledige rust geven, kruidenthee drinken en keeltabletten nemen.

Hoewel Amma al deze activiteiten ontplooit, toont ze nooit een teken van stress of spanning. Normaliter zal iemand die zelfs maar een klein deel van Amma's taken uitvoert, niet alleen vol stress zitten, maar ook stress voor anderen veroorzaken. Toch heeft Amma geen kwalijke effecten van haar geëngageerd zijn in zoveel activiteiten – geen spanning, geen stress, geen burn-out of verveling. En Amma is niet alleen vrij van stress, maar ook in staat om anderen te bevrijden van stress. Ik heb gesproken met vele toegewijden die psychiater of psychotherapeut zijn en die beweren dat Amma een "stressoplosser" bij uitstek is.

Het geheim achter Amma's vermogen om al deze goddelijke kwaliteiten tot uitdrukking te brengen is *Atma jnana,* oftewel de kennis van het Ware Zelf. Men zegt dat Atma jnana de kennis is die door gekend te worden, maakt dat al het andere gekend wordt. Als we weten hoe we de energie die besloten ligt in een celkern kunnen aanwenden, dan kunnen we die energie op elk terrein toepassen. Op dezelfde manier doordringt Amma's zelfkennis iedere gedachte die ze heeft. Als we naar Amma kijken, kunnen we deze interessante paradox waarnemen. Zij neemt zowel het geheel als ieder deel tegelijkertijd waar. Gezien vanuit het niveau van het kleine, zal ze zeggen: "Amma kan alleen vinden dat je echt van haar houdt, als je zelfs van de kleinste mier houdt." Het volgende moment zal ze adviezen geven over het management van haar vele instituten zoals AIMS, Amma's ziekenhuis dat 1300 bedden heeft, of haar Amrita Vidyalayamscholen waarvan er 53 verspreid over heel India zijn.

Een Zelf-gerealiseerde ziel zoals Amma begrijpt de woorden uit de geschriften helemaal: "De microkosmos en de macrokosmos zijn één en hetzelfde." Omdat mahatma's hun eenheid met het allesdoordringende Zelf gerealiseerd hebben, kunnen ze zowel het geheel in het individu zien, als het individu in het geheel. Amma zegt dat het hele universum zich in ieder van ons bevindt. Hier verwijst ze naar het feit dat de *jivatma* (individuele ziel) en *Paramatma* (Allerhoogste Zijn) één het hetzelfde zijn. Wanneer de onwetendheid van de jivatma wordt opgeheven, realiseert hij zich dat hij niets anders is dan het Paramatma. Dit is als een golf die zich realiseert dat hij één is met de oceaan.

Als we meer zoals Amma willen worden, is er een logische ontwikkeling die we moeten volgen. Als een wetenschapper wil begrijpen hoe de oneindige energie die in de celkern besloten ligt, gebruikt kan worden, begint hij met het bestuderen van de aard van een atoom dat de energie van de celkern zowel bevat als verbergt. Op dezelfde manier moeten we, om Atma jnana te verwerven, allereerst de aard van onze eigen geest begrijpen. Deze kan onze oneindige natuur zowel verbergen als openbaren.

Er was eens een koning die zijn paleis verliet voor zijn ochtendwandeling. Een bedelaar kruiste zijn pad en versperde hem de weg. De koning duwde de bedelaar niet weg, maar vroeg hem wat hij wilde.

Het antwoord was niet bepaald wat hij verwachtte. De bedelaar begon luidruchtig te lachen. Tenslotte legde hij buiten adem uit wat er zo grappig was. "U stelt mij de vraag alsof u mijn wens kunt vervullen!"

De koning riep beledigd uit: "Natuurlijk kan ik je wens vervullen; vertel me gewoon wat het is."

"Denk er goed over na voordat u iets belooft," antwoordde de bedelaar.

De koning sloeg de waarschuwing van de bedelaar in de wind en drong aan: "Ik zal iedere wens die je doet, vervullen. Ik ben de heer van alles wat je ziet; wat zou je mogelijkerwijs kunnen verlangen dat ik je niet kan geven?"

"Mijn wens is eigenlijk erg eenvoudig," begon de bedelaar. "Kunt u alstublieft mijn bedelschaal vullen? Het kan alles zijn wat u maar wilt."

"Natuurlijk," zei de koning en hij riep een van zijn bedienden en gaf hem de opdracht: "Breng genoeg gouden munten om de bedelschaal van deze man vele malen te vullen." De bediende ging het paleis binnen en kwam terug met een enorme zak goud. Hij keerde de zak ondersteboven en goot hem leeg totdat de schaal van de bedelaar zou moeten overstromen. Er gebeurde echter iets grappigs: zodra de munten in de schaal vielen, verdwenen ze onmiddellijk, alsof de schaal veel dieper was dan hij eruit zag. Omdat hij dacht dat het een salontrucje was, gaf de koning zijn bediende opdracht om door te gaan met het gieten van munten in de schaal; er zou zeker een eind aan komen. Maar de bediende bleef gieten en de munten bleven verdwijnen zodra ze de schaal raakten. Op het laatst was de enorme zak helemaal leeg en toch bleef er geen enkele munt in de schaal van de bedelaar. Omdat de koning zijn woord gegeven had dat hij de schaal zou vullen en omdat hij nog steeds overtuigd was dat de schaal maar een klein deel van zijn rijkdom kon bevatten, stuurde hij zijn bediende terug naar de schatkamer om de zak opnieuw te vullen. Op die manier herhaalde het toneeltje zich steeds weer.

Na enige tijd begon het verhaal over de bizarre scène die zich voor de poorten van het paleis afspeelde, de ronde te doen. Tegen de middag had zich een enorme menigte verzameld. Nu stond het aanzien van de koning op het spel. Zijn bedienden drongen er bij hem op aan om de bedelaar weg te sturen en niet nog meer van zijn rijkdom in de bodemloze schaal van de bedelaar te gieten. Maar de koning verklaarde: "Zelfs als het hele koninkrijk verloren gaat, zij zo het. Ik laat me door deze bedelaar niet verslaan."

Uiteindelijk was de voorraad gouden munten tot niets gereduceerd. Toch ging hij door met het legen van de schatkamer en het vullen van de schaal. Diamanten, parels en smaragden, alles wat in de schaal ging, verdween onmiddellijk in de draaikolk van de schaal. Tegen zonsondergang was de schatkamer niet meer dan een lege ruimte geworden. Alle toeschouwers stonden er zwijgend en gefascineerd bij. Uiteindelijk viel de koning neer aan de voeten van de bedelaar en gaf zijn nederlaag toe. Voordat de bedelaar vertrok, smeekte de koning zelf: "Je hebt gezegevierd, dat is zeker. Maar vertel me een ding voordat je vertrekt: waarvan is deze bedelschaal gemaakt?"

De bedelaar zei lachend: "Er is geen geheim. Deze schaal is niets anders dan de menselijke geest. Het is niet mogelijk om hem tevreden te stellen."

Pogingen om verlangens te stillen door ze te vervullen zijn als pogingen om laaiend vuur te blussen door er benzine op te gooien. Iedere keer als we aan onze verlangens toegeven, winnen de verlangens alleen maar aan kracht. De enige manier om onze verlangens ten slotte te overwinnen is om gebruikmakend van ons onderscheidingsvermogen de inherente tekortkomingen van de gewenste objecten te zien. Dit zal ons de innerlijk kracht geven om ze te overwinnen.

In Tamil Nadu leefde enige eeuwen geleden een groot en wijs man, genaamd Pattinatthar. Voordat hij afstand van het wereldse deed, was Pattinatthar de rijkste persoon in een kustplaats met de naam Kavirapoom Pattinam. Hij was echter niet in staat geweest om vader te worden. Op zekere dag vond een brahmaan een baby, een jongetje onder een boom. Omdat hij wist dat Pattinatthar erg graag een zoon wilde, gaf de brahmaan het kind aan hem en werd daarvoor rijkelijk beloond. Pattinatthar voedde de jongen op als was hij zijn eigen zoon.

Toen Pattinatthar's zoon ouder werd, vroeg hij de zegen van zijn vader om een reizende koopman te worden. Hoewel Pattinatthar hem niet graag zag vertrekken, gaf hij hem zijn toestemming in de hoop dat de jongeman hem in zijn voetstappen zou volgen en hem nog rijker zou maken dan hij al was. Korte tijd later huurde Pattinatthar's zoon een schip en zette koers naar buitenlandse havens.

Na lange tijd kreeg Pattinatthar het bericht dat het schip van zijn zoon was teruggekeerd en was aangemeerd in de haven van de stad. Er was echter een probleem; het gerucht verspreidde zich dat de jongeman zijn geestelijke evenwicht verloren had en teruggekomen was met niets meer dan een schip vol rijstkaf en gedroogde mest. Verbolgen ging Pattinatthar snel op weg om zelf een kijkje te nemen. Onderweg liep hij zijn zoon waarschijnlijk net mis. Tegen de tijd dat Pattinatthar bij het schip aankwam, was de jongeman vertrokken. Toen hij in het ruim van het schip afdaalde, zag Pattinatthar dat het gerucht dat hij gehoord had waar was. Er lag niets anders dan rijstkaf en mest, van de vloer tot het plafond, van wand tot wand. Zijn lot vervloekend en woedend schreeuwend over zijn waardeloze zoon, nam Pattinatthar een van de gedroogde mestplakken op en smeet deze tegen de scheepswand. Toen de mest tegen de muur sloeg, spatte hij uiteen en verstrooide daarmee kleine glanzende deeltjes door de ruimte. Toen hij beter keek, zag hij dat de mestplak vol met diamanten, parels en kostbare edelstenen zat. Toen hij meer mestplakken opnam en openbrak, zag hij dat dit bij allemaal hetzelfde was.

Zijn zoon had de kostbaarheden op deze manier verpakt om te voorkomen dat piraten hem op de thuisreis zouden plunderen.

Op weg naar huis werd Pattinatthar door tranen verblind, tranen van vreugde om de vindingrijkheid en het succes van zijn zoon, en tranen van spijt dat hij de naam van zijn zoon zo overijld vervloekt had.

Toen hij weer thuis was, stond zijn vrouw met een asgrauw gezicht in de deuropening. Ze vertelde hem dat hun zoon al thuis geweest en weer vertrokken was.[8] De jongeman had alleen een klein doosje achtergelaten en haar gevraagd om dit aan zijn vader te geven als hij thuis kwam. In het doosje zat een briefje dat om een naald met een gebroken oog gevouwen was. Op het briefje stond: "Na uw dood zal zelfs deze naald met een gebroken oog u niet vergezellen." Toen hij het briefje gelezen had en de naald in zijn hand had, was de rijke man als door de bliksem getroffen. Voor de eerste keer realiseerde hij zich dat hij, ondanks al zijn rijkdommen, de wereld met lege handen zou verlaten. Hij kon zelfs het kleinste en meest nutteloze bezit, een naald met een gebroken oog, niet meenemen. Toen hij zich dit realiseerde, besloot de rijke man om haard en huis te verlaten en alleen nog God te zoeken. Voordat hij op weg ging instrueerde hij zijn accountant om zijn rijkdommen vrijelijk te verdelen onder alle arme mensen.

De koning van het land was diep geschokt door het nieuws dat de rijke man zich teruggetrokken had uit het wereldse leven. Hij had zelfs zo nu en dan geprofiteerd van Pattinatthar's vrijgevigheid op momenten dat de schatkist van het paleis nogal leeg was. De koning besloot om hem op te zoeken.

De koning trof Pattinatthar aan op een verlaten plek aan de rand van de stad. Hij zat op een steen en was enkel gekleed in

---

[8] Er werd nooit meer iets gezien of gehoord van de geadopteerde jongen. Veel mensen geloven dat hij een incarnatie van de Heer was en dat zijn enige doel was om Pattinatthar tot het spirituele pad te brengen.

een lendendoek. Toen de koning voor hem stond, vroeg hij hem: "Wat bezielt je? Je was de rijkste man in het koninkrijk. Wat heb je gewonnen door alles op te geven?"

Pattinatthar keek op naar de koning en glimlachte. "Koning, vroeger stond ik uit respect altijd op als u langskwam. Als u me liet roepen, kwam ik gewoonlijk als een slaaf aanrennen. Nu bent u degene die staat terwijl ik blijf zitten."

Omdat Pattinatthar vrij van verlangens was, had hij niets te winnen door de koning zijn respect te betuigen; de koning had hem immers niets te bieden. De koning realiseerde zich de waarheid van de woorden van de wijze, knielde aan zijn voeten en keerde in stilte terug naar het paleis.

Alleen iemand die iets heeft, kan het echt aan een ander geven. Hoe groter iemands rijkdom, hoe meer capaciteit om te geven hij natuurlijk heeft. Maar Amma zegt: "Spiritualiteit is de werkelijke rijkdom. Deze innerlijk rijkdom helpt iemand om 'rijker dan de rijkste' te worden." Amma is volgens deze definitie de rijkste persoon op de wereld en is dat altijd geweest. En hoewel ze al meer dan 36 jaar enorme hoeveelheden van haar spirituele rijkdom over de wereld verspreid heeft, is deze wijsheid totaal niet verminderd. Alle mensen die voor darshan komen, gaan weg met de diamant van Amma's zegen, ook al realiseren sommigen zich niet wat de waarde daarvan is.

Hoofdstuk 8

Management van de geest

"Veel mensen verwarren een slecht management met het noodlot."

– Kin Hubbard

Tegenwoordig zien we dat de zakenwereld en zelfs het leger belangstelling hebben voor spirituele principes, zoals de behoefte aan stressvermindering en aan gelijkmoedigheid van geest. De paramilitaire troepen van India verzochten Amma onlangs om aan meer dan een miljoen soldaten meditatietraining te geven. Toen Amma's brahmachari's Amma's Integrated Amrita Meditation Technique (IAM) begonnen te onderwijzen in paramilitaire centra (kosteloos) in het hele land, vroegen andere afdelingen van het leger ook om de training. Ook veel zakenmensen komen voor advies en leiding naar Amma. Sommige bedrijven zijn al begonnen met het aanbieden van de IAM techniek aan hun werknemers.

Het is duidelijk dat de principes van spiritualiteit op het zakenleven en op andere terreinen kunnen worden toegepast. Maar ook kunnen sommige essentiële principes uit het zakenleven op praktische spiritualiteit worden toegepast.

Op een dag gingen in een warenhuis de lichten uit. Het was er aardedonker. De klanten konden niets zien. Een zenuwachtige dame, die toevallig naast een winkelbediende stond, richtte zich tot hem en vroeg: "Kunt u hier alstublieft iets aan doen?"

De winkelbediende antwoordde: "Sorry mevrouw, ik werk in de verkoop, niet bij het management."

Naast wat wel duidelijk is, illustreert dit grapje een belangrijk punt. Specialisatie op één terrein is voldoende om in onze carrière succesvol te zijn en om de kost te verdienen. We kunnen verkoper zijn en niets over management weten. Of we kunnen manager zijn en toch niets over verkopen weten. Om in het leven succesvol te zijn moeten we echter leren om zowel verkoper als manager te zijn. We moeten goede dingen aan onze geest kunnen verkopen en uitdagende situaties in het leven kunnen managen.

Natuurlijk hebben sommige mensen geen hoge pet op van managers in het algemeen. Een voorbeeld is het volgende: een man vliegt in een heteluchtballon en realiseert zich dat hij verdwaald is. Hij mindert hoogte en ontdekt een man in het veld onder hem. Hij mindert nog meer hoogte en schreeuwt: "Excuseer me, maar kunt u mij vertellen waar ik ben?"

De man op de grond zegt: "Ja, u bevindt zich in een heteluchtballon die 10 meter boven dit veld zweeft."

"Nou, bedankt voor niets, makker," zegt de ballonvaarder.

De man op de grond antwoordt: "U werkt vast als manager."

"Inderdaad," luidt het antwoord van de ballonvaarder, "maar hoe weet u dat?"

"Welnu," zegt de man op de grond: "U weet niet waar u bent of waar u heengaat, maar u verwacht dat ik u kan helpen. U bent in dezelfde positie als dat u voor onze ontmoeting was, maar nu is het mijn fout."

Als we spreken over management van de geest, doelen we niet op dit soort management. Het gaat niet over gebruik maken van valse rechtvaardigingen of het beschuldigen van anderen om verantwoordelijkheid te ontlopen. Het betekent wel dat we meester over onze geest en over alle reacties en antwoorden ervan worden.

Op een zekere dag zat een man samen met zijn familie te ontbijten, voordat hij haastig naar zijn werk zou gaan om op een uiterst belangrijke vergadering een presentatie te geven. De vergadering zou beslissen over de toekomst van zijn bedrijf. Toen zijn dochter het sinasappelsap wilde pakken, stootte ze per ongeluk zijn kopje koffie om. Daarbij kreeg hij hete koffie over zijn kleding en werd zijn pas gestreken witte overhemd bevlekt. Hij maakte zich al zorgen over de mogelijke uitkomst van de vergadering van die ochtend en ontplofte van kwaadheid. Voordat hij een schoon overhemd aan ging trekken, gaf hij zijn dochter een scherpe uitbrander voor haar onvoorzichtigheid. Toen hij het huis verliet, zag hij dat zijn dochter op het stoepje bij de voordeur zat te huilen. Ze had, radeloos als ze door zijn uitbarsting was, de bus gemist en had een lift nodig.

De man was al laat en reed veel harder dan de toegestane maximum snelheid om zijn dochter op school af te zetten en toch nog op tijd op zijn werk te komen. Hij werd echter vanwege te hard rijden aangehouden door een politieagent en kreeg een preek en een fikse bekeuring. Tenslotte was hij te laat voor zijn vergadering en realiseerde hij zich ook nog dat hij zijn aktetas met daarin al het materiaal voor zijn voordracht thuis had laten liggen. Omdat hij niet in staat was om een bijdrage aan de vergadering te leveren, werd zijn bedrijf overgenomen door een concurrerende corporatie en werd hij kort daarop ontslagen. De man had plotseling geen werk meer en was vervreemd van zijn vrouw en dochter. Hierop terugkijkend, zag hij dat al zijn ellende veroorzaakt was door zijn heftige reactie op het morsen van de koffie. Over deze gebeurtenis had hij geen controle, maar als hij op dat moment zijn humeur onder controle had kunnen houden, dan zouden alle andere problemen van die dag niet ontstaan zijn. Op deze manier was een molshoop tot een berg geworden.

Amma zegt vaak tegen ons dat spiritualiteit het proces is van het leren besturen van de geest. Om dit succesvol te doen moeten we echter ook een bekwame verkoper worden. Onze geest is een harde klant en weigert over het algemeen om te accepteren wat goed voor ons is.

Van de andere kant zegt Amma dat onze geest de beste verkoper aller tijden is. Onze geest is een expert in het ons verkopen van zijn eigen ideeën en keuzen, die vooral op de korte termijn plezierig zijn, maar die op de lange duur niet zullen leiden tot wat het beste voor ons is. Dus moeten we leren om een nog betere verkoper te worden dan onze geest, zodat we goede en slechte overeenkomsten kunnen herkennen en onze geest overreden om de juiste weg te nemen.

Amma geeft het voorbeeld van een kind dat mag kiezen tussen een doos chocolaatjes en een schaal met gouden munten. Het kind zal altijd voor de chocolaatjes kiezen, omdat die meteen tot bevrediging leiden. Het kind weet niet dat hij met de gouden munten zoveel chocolade kan kopen als hij wil en ook nog de tandarts kan betalen die later zijn gebit weer in orde moet brengen.

Als volwassenen denken we misschien dat dit een gemakkelijke keuze is, maar we worden iedere dag met soortgelijke keuzes geconfronteerd. Bijvoorbeeld: zullen we televisie kijken of mediteren? Zullen we iets doen voor de gemeenschap of zullen we nieuwe kleding gaan kopen? Zullen we een detective lezen of de *Bhagavad Gita*?

Het is leerrijk om eens te kijken naar het verhaal van Nachiketas in de *Katha Upanishad*. Op zoek naar ware kennis gaat Nachiketas op weg om Yama, de Heer van de Dood, te ontmoeten. Maar als Nachiketas aan Yama vraagt om hem te onderrichten, probeert Yama hem van zijn zoektocht af te brengen door hem zowel wereldse als hemelse genoegens aan te bieden: een lang en gezond leven, enorme paleizen, hemelse meisjes en onbeperkte rijkdom. Yama is een goede verkoper, maar Nachiketas is een te vastbesloten klant. Hij weigert vol vertrouwen alles wat Yama hem aanbiedt omdat hij zich met niets anders dan Atma jnana tevreden laat stellen.

Yama wilde er zeker van te zijn dat Nachiketas een goede leerling zou zijn, voordat hij spirituele kennis aan hem ging overdragen. Daarom testte hij hem.

Gelukkig voor ons, is Amma niet zo veeleisend. Ze onderwerpt ons niet aan zulke strenge testen. Misschien weet ze dat de meesten van ons niet zouden slagen; bij het zien van al het prachtige dat aangeboden wordt, zouden we het wel eens af kunnen laten weten!

Net zoals de doorgewinterde zakenman de markt, de concurrentie en het consumentengedrag bestudeert, begrijpt Amma de aard van de wereld, de aard van de mensen en hun houdingen en gewoonten. Amma weet dat spiritualiteit in de hedendaagse wereld een moeilijk te verkopen artikel is. Ze maakt er soms grappen over dat wij, als God zelf naar ons toe zou komen en ons verlichting aan zou bieden terwijl we televisie aan het kijken zijn, zouden zeggen: "O Heer, dit programma wordt niet opnieuw uitgezonden. Zou U het erg vinden om later terug te komen? U bent immers eeuwig."

Televisie, misdaadromans en winkelcentra zijn slechts enkele van de vele dingen die om onze aandacht strijden. Daarom biedt Amma ons een totaalpakket aan. Als we met een probleem of een verlangen bij Amma komen, helpt ze ons om ons verlangen te vervullen of om ons probleem op te lossen en tegelijkertijd helpt ze ons langzaam om onze geest op spiritualiteit te richten.

Veel jonge mensen uit India die met hun wens om naar Amerika te gaan bij Amma kwamen, vonden daar uiteindelijk een baan. Maar na verloop van tijd werden ze bij ontmoetingen met Amma tijdens haar halfjaarlijkse Amerikaanse tournees door haar voorbeeld zo geïnspireerd dat het al snel hun enige wens was om terug te keren naar India en in haar ashram te gaan wonen. Het is moeilijk om goede dingen bij onze geest te promoten, maar Amma maakt haar producten, liefde, mededogen en dienstbaarheid, onweerstaanbaar. Dus op een bepaalde manier is Amma, hoewel haar producten allemaal gratis worden aangeboden, een verkoper. Maar daartoe is ze niet beperkt; ze zit ook in het management.

Naarmate het netwerk van humanitaire activiteiten onder het beheer van de Mata Amritanandamayi Math groter en groter wordt, krijgen sommige mensen misschien de indruk dat Amma niet langer direct bij hun bestuur betrokken is, dat ze alleen nog maar een boegbeeld is. Maar Amma blijft nog steeds zowel de rol van manager op het macro-niveau als van manager op het micro-niveau vervullen, hoe groot het netwerk van activiteiten van de ashram ook wordt. Amma brengt meer dan de helft van elke dag door met het geven van darshan. Toch praat ze nog steeds direct met duizenden mensen die het werk van de ashram uitvoeren en geeft hun adviezen. Ze onderhoudt een persoonlijke relatie met al haar toegewijden. Dit is misschien een van de grootste wonderen die de wereld ooit heeft gezien.

Amma zou wel eens de enige persoon op aarde kunnen zijn die met tienduizenden mensen een persoonlijke verstandhouding heeft. Enige jaren geleden, vlak nadat Amma een programma in Kochi gehouden had, kwam een van de chauffeurs van de ashram naar Amritapuri voor Amma's darshan. Hij was werkzaam in Amma's ziekenhuis. Toen Amma hem zag, vroeg ze: "Waar was je tijdens het programma in Kochi?"

De chauffeur legde uit dat hij wel bij het programma was, maar dat hij niets aan haar last wilde toevoegen toen hij zag hoeveel mensen voor haar darshan kwamen. Hij verklaarde: "Ik dacht dat u het te druk had."

Amma vroeg hem: "Wie had het druk, jij of ik? Je had voor darshan moeten komen."

De chauffeur was geschokt omdat hij zich realiseerde dat Amma zijn afwezigheid opgemerkt had en nog meer omdat ze eraan dacht om hem ernaar te vragen. Ik stond er vlakbij en was ook verrast. Zouden andere bedrijfsleiders ook aandacht hebben voor de afwezigheid van een van hun honderden chauffeurs? Maar Amma sprak met hem alsof ze alle tijd van de wereld had.

Ik heb me vaak afgevraagd of Amma op een of andere manier een methode gevonden heeft om meer dan 24 uur in een dag te stoppen zonder dat anderen dat in de gaten hebben. Het is natuurlijk de moeite waard om te bedenken dat alle mensen die grote dingen gedaan hebben slechts 24 uur in een dag hadden. Eveneens hebben criminelen en degenen die hun tijd verspillen ook maar 24 uur in een dag. Uiteindelijk hangt wat we kunnen bereiken geheel en al af van hoe we gebruik maken van de tijd die we tot onze beschikking hebben.

De volgende verhalen laten zien hoezeer Amma nog steeds betrokken is bij de dagelijkse activiteiten van haar instituten.

Het eerste verhaal werd me verteld door de brahmachari die toezicht houdt op de campus van Amma's universiteit in Amritapuri. Naast de bestaande School voor Techniek, de School voor Biotechnologie en het College voor Ayurveda, is vorig jaar aan deze universiteit de nieuwe School voor Kunsten en Wetenschappen geopend. En dit jaar is de nieuwe School voor Sociaal Werk gestart. Het werd duidelijk dat met deze uitbreidingen wat meer computers nodig waren. De brahmachari vroeg aan de hoofden van de afdelingen om met hun staf te bespreken hoeveel computers er in totaal nodig waren en dat bij hem te melden. Enige tijd later dienden de hoofden van de afdelingen een officieel verzoek in voor 150 extra computers. De brahmachari was onder de indruk van hun onderzoek en inspanning en ging rechtstreeks met het verzoek naar Amma. Maar toen hij de cijfers aan Amma voorlegde, antwoordde ze: "Waarom wil je nodeloos zoveel geld uitgeven? Je moet echt je huiswerk doen voordat je een dergelijk verzoek indient." De brahmachari protesteerde niet maar ging met een bezwaard hart weg. Hij vroeg zich af: "Waarom zegt Amma dat? De staf heeft zo'n gedetailleerd onderzoek gedaan en iedere betrokkene geraadpleegd." Later die nacht, toen hij lag te draaien en woelen in bed en niet kon slapen, realiseerde hij zich plotseling dat het juist was wat Amma gezegd had. Ze had gezegd: "Je moet echt je huiswerk doen." En dat was waar. Hij had het onderzoek niet zelf gedaan. Hij had de informatie alleen via de verschillende afdelingen verkregen en op het eerste gezicht geaccepteerd. Toen hij zich dit realiseerde, bleef hij de rest van de nacht op om de verschillende feiten en getallen te bekijken. Tenslotte kwam hij erachter dat de hoofden van de afdelingen geen informatie van elkaar hadden en zich daardoor niet bewust waren van de manieren waarop ze hulpmiddelen konden delen. En eigenlijk waren er geen 150, maar slechts 90 computers echt nodig. Door deze eenvoudige wetenschap was hij in staat om meer dan een miljoen roepies te besparen. De volgende dag ging hij met een gewijzigd voorstel weer naar Amma. Voordat hij een woord gezegd had, keek Amma naar hem op en glimlachte. Terwijl ze bezig was met het geven van darshan, vroeg ze hem: "Heb je je huiswerk gedaan?" Hij vertelde Amma over zijn bevindingen en ze zei hem verder te gaan met de aankoop.

Een van de nieuwere projecten van de ashram heet *Matru Gramam*, oftewel Moeder's dorp. Met dit project heeft de ashram vrouwencoöperaties opgestart in de dorpen in de omgeving van de ashram, waar de visvangst van oudsher de enige bron van inkomsten was. Als in het verleden de vangst slecht was of als er op zee iets met hun echtgenoot gebeurde, leden deze vrouwen en hun kinderen gewoon honger. Nu geeft de ashram hun de opleiding en de materiële ondersteuning om in hun eigen gemeenschap verschillende producten te maken en te verkopen. Deze coöperaties maken van alles, van schoenen, chocolaatjes en schooluniformen tot sari's, visproducten en ingemaakte voedingswaren. Er zijn al meer dan 600 van deze coöperaties, maar nog steeds toont Amma veel belangstelling voor de vooruitgang van iedere groep.

Onlangs bracht een van deze vrouwengroepen Amma een met melk bereidde lekkernij, die ze gemaakt hadden en spoedig wilden gaan verkopen. Hoewel Amma het die dag erg druk had met het geven van darshan aan een grote menigte toegewijden, nam ze er de tijd voor om het resultaat van de inspanningen van deze vrouwen te proeven. Zodra ze een snoepje proefde, wist ze dat er iets mis was. Ze vroeg de vrouwen naar hun methode van bereiden en het werd duidelijk dat ze om geld uit te sparen geen ghee, maar palmolie gebruikt hadden. Amma legde hun uit dat de palmolie de smaak bederf. Vervolgens riep ze de brahmachari die de leiding over de keuken van de ashram had en vroeg hem om aan de vrouwen te laten zien hoe ze de lekkernij met de juiste ingrediënten konden bereiden. Hoewel dit slechts één van de meer dan 600 groepen was en het over slechts één van de vele projecten van de ashram ging, had Amma nog steeds de intentie om ervoor te zorgen dat het goed gedaan werd.

Amma zegt: "Niets is onbetekenend. Een vliegtuig kan zelfs al neerstorten als er maar enkele kleine schroefjes aan een vitaal onderdeel ontbreken. Alles heeft een eigen plek in Gods schepping. Niets mag veronachtzaamd worden."

Amma toonde eigenlijk altijd al veel belangstelling voor kleine details die gemakkelijk over het hoofd gezien kunnen worden. Vele jaren geleden, na de bouw van de belangrijkste tempel van de ashram, hoorden we dat Amma naar het dak gegaan was. Toen we daar aankwamen, zagen we Amma op haar knieën aandachtig zoeken alsof het om verloren goud ging. Toen we dichterbij kwamen, zagen we dat ze alle kromme spijkers en kleine stukjes metaalschroot opraapte, die na de bouw achtergebleven waren. We konden ons niet voorstellen waarom Amma zoveel belang hechtte aan deze rommel. Zonder dat we erom vroegen, legde Amma ons uit dat het, als de ashram vol was, soms nodig was dat mensen op het dak sliepen en dat ze hun voeten konden prikken aan zulke stukjes metaal. Als zo iemand diabetes had, kon dit een ernstige infectie veroorzaken en misschien kon deze persoon het zich niet veroorloven om dat te laten behandelen. Bovendien, zei Amma, was het metaalschroot geen afval, maar kon het verkocht worden zodat met het opgebrachte geld de armen gevoed en verzorgd konden worden.

Ook tegenwoordig heeft Amma nog steeds dezelfde aandacht voor details. Tijdens Amma's tournee door Noord-India in 2007 maakten we na haar programma in Bangalore een lange tocht om op tijd in Hyderabad aan te komen voor haar programma van de volgende ochtend. Hoewel Amma niet gegeten en niet geslapen had, kwam ze laat op de avond uit haar kamer om de omgeving te verkennen. Het was vlak voor middernacht. Er waren dus maar weinig mensen wakker, zodat Amma vrijelijk kon rondlopen. Het podium was opgebouwd op de binnenplaats van de school. Deze plaats was op de helling van een heuvel uitgehakt. Het was voor Amma onmiddellijk duidelijk wat er aan de aandacht van de organisatoren van het programma was ontsnapt: er was onvoldoende ruimte op de binnenplaats om iedereen die voor het programma zou komen, toe te laten. Vervolgens liep Amma langs de rand boven de uitgegraven binnenplaats. Op iedere plaats zette ze een stoel neer en ging ze even zitten. Ze keek dan naar beneden om te zien of ze het podium vanaf iedere plaats kon zien. Als het haar niet lukte, legde ze uit hoe het uitzicht vrij gemaakt kon worden. Ze was er zeer mee begaan dat iedereen het podium zou kunnen zien. Toen ik dit zag, vroeg ik me af hoeveel andere mensen die voor zulke grote menigten moesten verschijnen, zoveel belang zouden hechten aan ieder individu dat bij het programma aanwezig zou zijn.

Ik heb slechts enkele voorbeelden van Amma's uitstekende micro- en macromanagement gegeven. Er zijn er echter iedere dag nog veel meer. Amma is in staat om iedere situatie perfect te regelen omdat ze meester is over haar eigen geest.

Amma wil ons helpen om ons te leren onze geest net zo te besturen. Niet omdat dit haar iets oplevert, maar omdat ze weet dat dit het enige is wat ons blijvende vrede en geluk zal brengen. En ze is bereid om al haar dagen en al haar nachten eraan te besteden om ons hierbij te helpen. Ze heeft haar leven gewijd aan dienstbaarheid: van het tellen van computers tot het dagelijks omarmen van duizenden mensen; van het nagaan van de ingrediënten in lekkernijen tot het helpen van mensen bij het cultiveren van hun devotie tot God door dagelijks bhajans te zingen; van het oprapen van metaalschroot tot het in haar satsangs onderrichten van mensen over hun ware natuur. Amma's geest is helemaal vrij van zelfzuchtige gedachten; ze is meester over haar eigen geest.

Ik heb gehoord over een zekere beroemdheid die retraites van twee dagen houdt en slechts vijfenveertig minuten per dag bij de deelnemers aan de retraite doorbrengt. Eens vroeg iemand hem: "We besteden al onze tijd en al ons geld eraan om bij u te zijn. Dus waarom besteedt u er niet meer tijd aan om met ons te praten?" De beroemdheid gaf ten antwoord: "Er is slechts zoveel wijsheid als de menselijke geest in een keer kan opnemen. Als ik meer tijd met jullie doorbreng, zal deze tijd verspild zijn."

Daar staat tegenover dat Amma op een retraite van twee en een halve dag meer dan veertig uur bij haar kinderen doorbrengt. Amma heeft nooit het gevoel dat ze haar tijd verspilt door die bij ons door te brengen. Ze vertelt ons dat als we proberen appels te telen in Kerala, dit bijna onmogelijk zal zijn. Zelfs als het zou lukken zou de kwaliteit van de appels erg slecht zijn. Daarentegen zijn appels die in Kashmir gekweekt zijn van uitstekende kwaliteit en smaak zijn. Voor iedere onderneming moet de atmosfeer gunstig zijn. Op dezelfde manier zal de aanwezigheid van de ware meester zorgen voor de meest gunstige atmosfeer waarin we het management over onze geest kunnen leren.

Hoofdstuk 9

Amma's geheime recept

"De schoonheid en de charme van onbaatzuchtige dienstverlening zullen hopelijk nooit van de aardbodem verdwijnen. De wereld moet weten dat het mogelijk is om een leven van toewijding te leiden, dat een door liefde en dienstbaarheid geïnspireerd leven mogelijk is."

– Amma

Amma's netwerk van humanitaire activiteiten is altijd in ontwikkeling. Toch blijft ze ons nog steeds verrassen. Toen ze de bouw van 25.000 huizen in 2002 voltooide, dachten we dat ze met deze prestatie tevreden zou zijn. Maar ze kondigde onmiddellijk aan dat het nieuwe doel zou zijn om in het hele land nog eens 100.000 huizen te bouwen. Toen in 2004 de tsunami toesloeg, verbaasde ze ons allemaal met een hulp- en rehabilitatie-programma dat uitgroeide tot een onderneming van 30 miljoen euro. Toen de orkaan Katrina de Verenigde Staten trof, verraste ze haar Amerikaanse toegewijden met een gift van een miljoen dollar aan het Bush-Clinton Katrina hulpfonds.

Een van de meest treffende dingen omtrent Amma is haar onwankelbare zekerheid bij het verwezenlijken van deze enorme initiatieven. De spontaniteit waarmee Amma handelt is het bewijs van deze zekerheid. Tijdens haar bezoek aan Mumbai (Bombay) in maart 2007 werd Amma uitgenodigd voor een vergadering op hoog niveau met de minister-president van Maharashtra om de epidemie van zelfmoorden onder de verarmde boeren te bespreken. Na de vergadering verraste Amma opnieuw iedereen door plotseling te zeggen dat ze een nieuw initiatief zou starten om de situatie te verbeteren. De eerste twee stappen van het enorme hulpprogramma waren het sponsoren van het onderwijs aan 100.000 kinderen van verarmde boeren en het opzetten van opleidingen en startkapitaal voor 5000 collectieven voor huisindustrie. Deze collectieven bestonden uit vrouwen van verarmde boerenfamilies. Beide initiatieven hebben tot doel om de financiële lasten van de boerengezinnen te reduceren en om hen te helpen bij het bereiken van financiële onafhankelijkheid.

Het was duidelijk dat dit weer een hulpprogramma van vele miljoenen dollars was. Iedereen om Amma heen stond versteld. "Wat zei Amma? Waar zou Amma al dit geld vandaan halen?" Wanneer we een groot bedrag aan iets uitgeven, gaan we gewoonlijk eerst door een periode van afgrijselijke onzekerheid. Maar op Amma's gezicht was niet het kleinste spoortje van aarzeling of spijt te bekennen.

Onlangs ontving Amma in Amritapuri Olara Otunnu, voormalig president van de Veiligheidsraad van de VN en Vice Secretaris-generaal van de VN. Toen hem werd gevraagd naar zijn indruk van Amma's humanitaire werk, zei hij: "Ik denk dat de VN en andere NGO's iets kunnen leren van Amma en van wat zij kon opbouwen."

Amma legt uit dat als de regering geld voor hulpprojecten verdeelt, veel van het geld gebruikt wordt voor salarissen. Ze vindt dit geen fout van de regering; de regering moet natuurlijk zijn medewerkers een salaris betalen en het raderwerk van de regering moet in stand gehouden worden. Maar het eindresultaat is zoals wanneer we olie steeds weer van het ene glas in het andere gieten. "Tenslotte houd je geen olie over," zegt Amma. Alle olie is verloren gegaan omdat ze aan de randen van de glazen is blijven kleven. Op deze manier worden 1000 roepies tot 100 roepies tegen de tijd dat het geld de mensen bereikt. Terwijl, als de ashram 10 roepies krijgt, voegen we onze inspanning daaraan toe en is het effect dat het geld meer wordt.

De heer Otunnu gaf bij zijn bezoek aan Amritapuri ook als commentaar: "Een van de problemen die we bij internationale hulpverlening tegenkomen is de kwestie hoeveel van het voor de noodlijdenden bijeengebrachte geld naar de mensen gaat die de hulp geven – de medewerkers. De overheadkosten worden gemakkelijk erg hoog in verhouding tot de uiteindelijke hulp aan de mensen die in nood zijn. Toen ik naar Amma's organisatie keek, werd ik getroffen door hoeveel van het opgebrachte geld naar degenen gaat die in nood zijn. Dit is opmerkelijk. Het was erg indrukwekkend voor me om te zien hoe ze het regelde om deze verhouding recht te trekken."

Om deze verhouding recht te trekken moet je de juiste ingrediënten hebben. Met Amma's recept van onthechting, volhardende toewijding en onzelfzuchtige liefde, is alles mogelijk.

Amma's eerste bezoek aan Zuid-Amerika in 2007 illustreert deze waarheid duidelijk. Haar eerste programma werd gehouden in Santiago, een stad in Chili, die een in de Andes genestelde metropool is. Als het al de vraag was hoe de mensen van Santiago op Amma zouden reageren, dan kwam het antwoord bij de allereerste darshan. Zodra de zon boven de Andes opkwam, begon een enorme menigte het conferentiecentrum binnen te stromen. Al voor de aankomst van Amma was de enorme hal flink vol en toen ze arriveerde werd ze door een donderend applaus begroet. Gedurende de daarop volgende drie dagen was er een applaus iedere keer als Amma binnenkwam, vertrok of een bhajan gezongen had. Het was duidelijk dat de mensen in Santiago in Amma zagen wat mensen in de hele wereld de afgelopen 20 jaar in haar gezien hebben: Gods liefde in een menselijk lichaam.

Tijdens de ochtendprogramma's werd Amma omringd door alle belangrijke persagentschappen van het land. Haar bezoek aan Chili was werkelijk een belangrijke gebeurtenis in het nieuws. Tijdens de volgende drie dagen waren de menigten zo groot dat ieder programma nagenoeg zonder pauze overliep in het volgende.

Voordat ze Chili verliet, ontmoette Amma een aantal plaatselijke toegewijden die geholpen hadden bij de organisatie van het programma. Iedereen vond het werkelijk verbazingwekkend dat het programma zo soepel verlopen was. En dat terwijl niemand van de betrokkenen ooit eerder een programma had georganiseerd en de meeste vrijwilligers Amma voor haar bezoek niet eens ontmoet hadden. Veel vrijwilligers hadden een week of langer vrij genomen om zichzelf fulltime te wijden aan het tot een succes maken van het programma. Terwijl ze haar kinderen in Santiago liefdevol in de ogen keek, vroeg Amma: "Hoe hebben jullie dit gedaan?"

Onmiddellijk antwoordde iemand: "Onze liefde voor u gaf ons kracht en inspiratie."

Toen ze dit hoorde, knikte Amma goedkeurend en ze glimlachte terwijl ze zei: "Waar liefde is, is alles mogelijk:"

Amma heeft deze succesformule niet alleen in haar eigen leven in praktijk gebracht. Door haar zorgvuldige leiding en haar eigen feilloze voorbeeld is ze in staat geweest om haar leerlingen en toegewijden over de gehele wereld dezelfde waarden bij te brengen.

In de begintijd van de ashram werd gratis voedsel gegeven aan iedereen die naar de ashram kwam. Gewoonlijk aten de bewoners van de ashram het laatst en Amma at als allerlaatste. Vaak was er, nadat alle gasten bediend waren, geen voedsel over. De bewoners moesten het dan zelf zonder eten doen. In die dagen gingen sommigen van ons eropuit om kruidenierswaren voor de ashram te kopen, maar vaak hadden we niet genoeg geld om te kopen wat we nodig hadden. Bij een zo'n gelegenheid was een brahmachari bezorgd dat we de volgende week helemaal zonder eten zouden zitten. Toen we aan Amma vroegen wat we moesten doen, zei ze: "Maak je geen zorgen. Steeds als er een behoefte is, zal God erin voorzien. Geld zal komen en geld zal gaan. Dat is jullie probleem niet. Ga mediteren."

De brahmachari probeerde Amma's instructies op te volgen, maar natuurlijk kon hij niet goed mediteren omdat hij zo bezorgd was. Hij maakte zich niet alleen zorgen over de toegewijden, maar ook over waar de volgende maaltijd voor hemzelf vandaan moest komen. De volgende dag echter kwam er iemand langs die een gift van duizend roepies deed. In die tijd zagen we duizend roepies alsof het een miljoen dollar was. Met dat geld gingen we eropuit en kochten we de levensmiddelen voor de komende week.

Nu de ashram een betere financiële positie heeft, kunnen we, als we terugkijken, zien dat deze dagen, hoewel ze in veel opzichten erg moeilijk waren, van onschatbare waarde waren zowel voor ons als individu als voor de ashram. Amma onderrichtte ons over het belang van zorgvuldig geld uitgeven en van niet verspillen van middelen. Het zijn deze principes waardoor Amma en haar ashram zoveel met zo weinig konden bereiken.

En zoals altijd, is Amma het perfecte voorbeeld van haar eigen onderricht. Zelfs nu, nadat ze zulke enorme hulpprojecten heeft opgestart en uitgevoerd, is Amma erg voorzichtig om zelfs kleine bedragen onnodig uit te geven. Wanneer we bijvoorbeeld een brief aan Amma schrijven, is het onze natuurlijke neiging om het allerbeste papier te gebruiken. Er wonen meer dan 3000 mensen in de ashram en ieder van hen lucht zijn hart bij Amma door haar brieven te schrijven. Amma vraagt altijd om al gebruikt papier (waarvan een zijde al bedrukt is) te nemen voor het schrijven van brieven en zelfs voor verslagen van de boekhoudafdeling van de ashram. Hoewel het afleidend kan zijn om verslagen die op dergelijk papier gedrukt zijn, te lezen, heeft Amma gezegd dat we op deze manier geld kunnen besparen, dat dan weer besteed kan worden aan medicijnen, voedsel, kleding of onderdak voor iemand die behoeftig is. En dat we zo ook de ontbossing kunnen verminderen.

Amma zegt altijd dat genade ervoor zorgt dat al onze inspanningen op de juiste manier vrucht dragen. Het is niet voldoende om alleen maar hard te werken en geld te sparen; het geld moet immers ergens vandaan komen. Maar daarover heeft Amma nooit enige twijfel gehad. Als Amma de nieuwe projecten bespreekt die ze van plan is te lanceren, komt zelfs tegenwoordig onveranderlijk de vraag op: "Amma, waar zal het geld vandaan komen?" Amma antwoordt op dezelfde toon als jaren geleden toen haar gevraagd werd naar het geld voor de kruidenierswaren van de ashram. "Geld zal komen en geld zal gaan. God zal voorzien in alles wat nodig is."

Hoofdstuk 10

Ontsnappen aan het net van maya

"Laten we, voordat we onze zinnen te veel op iets zetten, onderzoeken hoe gelukkig diegenen zijn die het al bezitten."

— Francois de la Rochefoucauld

"Nederigheid is zo wenselijk omdat het iets wonderlijks met ons doet; het creëert in ons de capaciteit tot de meest intieme nabijheid met God."

— Monica Baldwin

In Tamil Nadu zijn vier heiligen die gezamenlijk bekend staan als de vier meesters van het *Shaivisme*[9]. Een van deze vier meesters was Sundarar die geboren werd in het dorpje Tirunavaloor. Bij zijn geboorte kreeg hij de naam Nambiaroorar, maar omdat hij zo'n opvallend mooi kind was, stond hij ook bekend als Sundarar (de mooie). Op een dag speelde Sundarar aan de kant van de weg, toen de koning voorbij kwam in zijn rijtuig. Zodra de blik van de koning op de jongen viel, werd hij zo aangetrokken door de opmerkelijke schoonheid van het kind dat hij uit zijn rijtuig stapte en met hem begon te spelen. Hij kwam er snel achter dat dit kind de zoon van zijn goede vriend was. De koning ging naar

---

[9] Shaivisme omvat de tradities uit het Hindoeïsme die gericht zijn op de verering van Heer Shiva.

het huis van zijn vriend en vroeg hem om het kind aan hem te geven. De vriend van de koning had geen andere keuze dan in te stemmen met het voorstel.

Zo voedde de koning Sundarar als zijn eigen zoon op. Hij zorgde ervoor dat in al zijn behoeften voorzien werd en dat hij zeer vertrouwd raakte met de geschriften en met de eeuwige menselijke waarden. Toen de jongen de leeftijd daarvoor had, werden regelingen getroffen om hem te laten trouwen met een huwbaar jong meisje. Vlak voordat het huwelijk gesloten zou worden, kwam er een oude brahmaan naar Sundarar toe met de mededeling: "Er is een juridische kwestie tussen ons aanhangig. Je kunt alleen maar trouwen nadat deze kwestie geregeld is."

Totaal in de war, vroeg Sundarar hem: "Wat bedoelt u? Welke juridische kwestie?"

De oude man richtte zich tot de toegelopen sympathisanten en schreeuwde: "Luister allen. Deze jongeling is mijn slaaf!"

Alle aanwezigen waren met stomheid geslagen, maar Sundarar zelf was niet onder de indruk van de claim van de brahmaan. Hij sprak spottend: "Ik ben de geadopteerde zoon van de koning. Hoe kan ik dan uw slaaf zijn?"

De oude man liet zich niet afschrikken. Hij verklaarde: "Lang geleden was jouw grootvader mijn slaaf en hij tekende een contract waarin stond dat al zijn nakomelingen ook mijn slaven zouden zijn. Daarom moet je me niet minachten."

"Je bent een dwaze oude kerel," protesteerde Sundarar en hij begon vrolijk te lachen.

"Je steekt de draak met me, maar ik heb bewijzen voor mijn claim," ging de oude man verder. Hij hield een palmblad omhoog, waarop een tekst stond en zei: "Hier is het contract dat door jouw grootvader getekend is."

Zonder een woord te zeggen, greep Sundarar het palmblad en scheurde het in stukjes.

De oude man schreeuwde lelijk en zei: "Hoe kun je een getekend contract negeren?" Vervolgens richtte hij zich tot de menigte
en drong aan: "De overeenkomst moet nageleefd worden!"

De menigte probeerde hem tot bedaren te brengen door te
zeggen: "Uw claim is vreemd. We hebben nog nooit gehoord dat
de ene brahmaan slaaf wordt van de andere brahmaan."

"Toch," drong de oude man aan, "is Sundarar mijn slaaf en
ben ik zijn meester. Ik kom uit Thiruvennai Nalloor. Hij moet
met mij daarheen terugkeren en in dienstbaarheid aan mij leven."

Omdat de oude man zo vasthoudend was, stemde de koning
ermee in dat een deel van zijn regering naar het dorp van de oude
man zou gaan. Daar zouden ze beraadslagen met hun raad van
ouderen en beoordelen of de claim van de oude brahmaan hard
gemaakt kon worden.

Zo gebeurde het dat Sundarar, enige mannen van de koning
en de oude brahmaan in optocht naar het dorp van de oude man
liepen. Toen ze daar aangekomen waren, bracht de oude man de
optocht naar de raad van ouderen in het dorp. Maar ook de ouderen vonden de man een vreemdeling Niemand had hem eerder
gezien. Omdat hij claimde dat hij uit dat dorp kwam, stemden
ze er toch mee in om naar zijn zaak te luisteren. Nadat hij zijn
claim had uitgelegd en verslag had gedaan van de gebeurtenissen
van die dag, gaf een van de raadsleden het volgende commentaar:
"Nu Sundarar het palmblad verscheurd heeft, hebt u geen bewijs
van uw claim."

De oude man zei: "Dat was slechts een kopie. Ik heb het
originele contract bij me en dat is getekend door zijn grootvader."
Na zo gesproken te hebben haalde de man een ander palmblad
te voorschijn en hield het omhoog.

De raad onderzocht het zorgvuldig, vergeleek het met de
dorpsarchieven en verklaarde het daarop geldig. De ouderen
zeiden tegen Sundarar: "Hoe vreemd dit geval ook is, u bent

inderdaad zijn slaaf. U hebt geen andere keus dan hem te dienen zoals hij u opdraagt."

Vervolgens richtten de ouderen zich tot de oude man en zeiden: "U zegt dat u uit dit dorp komt en ook uit het contract blijkt dat u uit dit dorp komt, maar niemand van ons heeft u ooit eerder gezien. Waar is uw huis eigenlijk? Laat ons alstublieft zien waar u woont."

De oude brahmaan antwoordde: "Kom met me mee, dan zal ik jullie mijn huis laten zien."

Iedereen volgde hem met veel belangstelling. De brahmaan bracht de mensen naar het centrum van de stad, waar de dorpstempel voor Shiva stond. Zonder op of om te kijken liep hij recht omhoog de tempeltrap op. Toen hij het sanctum sanctorum binnenging, verdween hij in het niets.

Stomverbaasd viel Sundarar op zijn knieën. Hij werd overmand door devotie voor de Heer en zijn ogen vulden zich met tranen. Plotseling verscheen Heer Shiva voor hem met de godin Parvati aan zijn zijde. Shiva verklaarde: "Ik ben gekomen om je te redden van de ketens van *maya* (illusie)." [10] Voordat hij weer verdween, merkte Shiva op: "Het van liefde doortrokken lied is voor mij de beste *archana* (verering)." Na deze gebeurtenis componeerde Sundarar vele mooie liederen voor Heer Shiva, die tegenwoordig nog steeds gezongen worden. Sundarar bleef zichzelf zijn verdere leven zien als een dienaar van de Heer.

Het is de moeite waard om er bij stil te staan dat Sundarar slechts enkele momenten de gelegenheid had om in de aanwezigheid van een goddelijke incarnatie te vertoeven, terwijl Amma voor haar hele leven bij ons is. Het is aan ons om zo goed mogelijk van deze gelegenheid gebruik te maken.

---

[10] Volgens de Advaita Vedanta veroorzaakt maya dat de jivatma zich vergist en zich identificeert met het lichaam, de geest en het intellect in plaats van met zijn ware identiteit, de Paramatma.

Er is een prachtig gezegde over de twee methoden die door leerlingen van Sri Ramakrishna Paramahamsa gevolgd werden om te ontsnappen aan het net van maya, oftewel de illusie van een objectieve werkelijkheid. Men zegt dat Nagamahasaya, een getrouwde leerling van Ramakrishna Paramahamsa, zo klein werd dat hij door de mazen van het net van maya kon wegglippen, terwijl zijn kloosterleerling Swami Vivekananda zo groot werd dat het net hem niet langer kon omvatten.

In dezelfde trant leert Amma ons dat we moeten proberen om ofwel niets ofwel alles te worden. Dat wil zeggen dat we of zo nederig worden dat ons ego verdwijnt en we in het absolute opgaan of dat we onze geest verruimen totdat we iedere gewaarwording van onszelf als een begrensd individu verliezen en ons alleen nog maar identificeren met het geheel. Maar de meesten van ons zijn onwillig om de ene of de andere weg te volgen. We willen niet alles worden en we willen niet niets worden. We willen liever iets worden.

Natuurlijk vertelt Amma ons dat we de "essentie van Om" zijn; de geschriften zeggen ons dat we Brahman zijn; andere spirituele zoekers vertellen ons dat we één zijn met God. Dit zijn allemaal manieren om hetzelfde te zeggen: dat onze ware natuur onbegrensd, eeuwig en gelukzalig is. Maar wat is onze ervaring? Onze ervaring is niet dat we Dat zijn, maar dat we een begrensd individu zijn, dat vol is van kleinzielige angsten, boosheid, twijfel en pijn.

Als we dus niet voelen dat we het Allerhoogste Bewustzijn zijn, is het te verwachten dat we ons nederig gedragen. Maar we zijn er ook niet bepaald klaar voor om dat te doen. We vetellen onszelf: "Kijk, ik ben niet slechts de een of andere oude niemand, ik ben *iemand*. Niemand is met mij te vergelijken." Dit soort gedachten gaan door onze geest heen.

In feite zijn we meer bezig om ons ego en onze beperkte individualiteit te versterken dan om ons in te spannen om ons ego te overstijgen en onze eenheid met het Allerhoogste te realiseren. De geschriften zeggen dat onwetendheid fundamenteel kan worden gedefinieerd als de notie van "ik" als een begrensd individu. Uit deze ene misvatting ontstaan alle andere misvattingen. Uit dit onbegrip ontstaat iedere behoefte, ieder verlangen, iedere gevoel van angst of vrees. Als we onszelf als afgescheiden ervaren, moet dat zelf beschermd, bemind, geprezen en behoed worden.

Als we de manier waarop we onze energie besteden aan wat we zeggen en aan wat we dagelijks doen, nader onderzoeken, ontdekken we dat bijna ieder woord en iedere handeling bedoeld is om ons te verzekeren van de goedkeuring en de lof van anderen, om een plekje voor onszelf te creëren. Zelfs de kleren die we dragen, de manier waarop we ons haar laten kappen en knippen, de manier waarop we onze handtekening zetten hebben vaak alleen maar als doel om de aandacht en goedkeuring van anderen te krijgen. Als je het hier niet mee eens bent, probeer dan eens om een goede daad te doen zonder dat iemand het weet en merk vervolgens op hoe moeilijk het is om er niemand iets over te vertellen.

Alleen een ware meester kan ons diep gewortelde verlangen naar erkenning wegnemen. Op een donkere avond liepen twee mannen na een feestje naar huis. Ze besloten om een kortere weg over een kerkhof te nemen. Halverwege het kerkhof werden ze bang van een kloppend geluid dat uit de nevelige schaduwen kwam. Trillend van angst volgden ze het geluid tot ze slechts een oude man met hamer en beitel aantroffen. Hij was in een grafsteen aan het hakken waarop te lezen stond: "Hier Ligt Jack Brown"

"Woh, meneer," riep een van de mannen uit terwijl hij weer op adem kwam. "Je maakte ons doodsbang. We dachten dat je een geest was! Waarom werk je hier zo laat op de avond nog?"

Zonder van zijn werk op te kijken, mopperde de oude man ten antwoord: "Die dwazen zijn vergeten om 'doctor' op mijn grafsteen te zetten!"

Uiteindelijk manifesteert het verlangen naar goedkeuring zich als een verlangen om beroemd te worden. In de wereld van vandaag zien we dat iedereen, vooral jonge mensen, meer dan wat dan ook, beroemd willen worden. Er zijn competities op televisie op bijna ieder gebied van kunst of van activiteiten die bedoeld zijn om de winnaar beroemd te maken. Bijna iedereen accepteert dat beroemd worden een waardevol doel is, misschien wel belangrijker dan ieder ander doel. Maar wanneer we de waarde van een bepaalde aanwinst beoordelen, is de allereerste logische stap om naar de mensen te kijken die dit al verworven hebben en de mate te bepalen waarin zij er baat bij gevonden hebben. Als we dit principe op beroemdheid toepassen, moeten we naar de levens van beroemde personen kijken. Heeft hun vermaardheid hen gelukkiger, meer tevreden en voldaan gemaakt?

Integendeel. Er zijn talloze voorbeelden van beroemdheden van wie het leven op het hoogtepunt van hun roem aan duigen valt. Deze sterren waren er zeker allemaal sterk van overtuigd dat roem alleen maar geluk en tevredenheid zou brengen. Maar het moge duidelijk zijn dat beroemdheid niet leidt tot een belangrijke verandering in iemands innerlijke omstandigheden. Iemand die onzeker, depressief of vol boosheid is als hij nog onbekend is, zal dezelfde persoonlijkheid hebben als hij beroemd is.

Arjuna was een van de machtigste strijders van zijn tijd. Desondanks werd hij moedeloos en hulpeloos, toen hij werd geconfronteerd met het vooruitzicht te moeten strijden met zijn eigen verwanten, en zelfs met zijn leraar in het boogschieten, die zich aan de zijde van de Kaurava's geschaard hadden. Toen hij te maken kreeg met een echte crisis, bleken al zijn roem en fortuin nutteloos. Het was enkel te danken aan de leiding van Heer

123

Krishna dat hij uit het moeras van besluiteloosheid en wanhoop getild werd.

Amma werd onlangs geïnterviewd door een belangrijk tijdschrift. Een van hun vragen was: "Veel beroemdheden uit de gehele wereld zijn naar Amma gekomen voor haar zegen en advies. Voor gewone mensen schijnen deze mensen al een fantastisch leven te hebben. Ze verdienen immers veel geld en verheugen zich in zoveel roem. Maar wat denkt Amma over het geluk van deze mensen?"

Amma antwoordde: "Ze zijn dankzij hun diepgaande introspectie naar Amma gekomen. Ze hebben begrepen dat het wereldse leven beperkt is en dat er in het leven meer is dan het menselijke intellect kan waarnemen. Ze zijn door hun ervaringen de beperkingen van het wereldse leven gaan begrijpen; ze komen naar Amma om te ontdekken hoe ze innerlijke vrede kunnen vinden."

Een van Amma's Amerikaanse leerlingen ontmoette onlangs bij een programma van Amma in de Verenigde Staten een oude vriend. Ze waren in hun schooltijd elkaars beste vriend geweest. Na hun studietijd was de een naar een klein vissersdorp in het zuidwesten van India gegaan om als brahmachari in Amma's ashram te wonen. De ander was lid geworden van een rockband die later wereldberoemd werd. Hoewel ze allebei de wereld rondreisden, verkeerden ze in verschillende kringen.

Toen ze elkaar herkend hadden, begonnen ze een gesprek; de brahmachari vertelde over zijn ervaringen uit zijn leven met Amma en de rockster sprak over de dingen die hij door de jaren heen had gezien en gedaan. Hij zei dat hij voor publiek dat bestond uit tienduizenden enthousiaste fans opgetreden was. Nu had hij genoeg geld op de bank om de rest van zijn leven ruim van te leven. Terwijl hij zijn avonturen vertelde, verminderde zijn enthousiasme echter en sprak hij steeds minder. Het was duidelijk dat het leven van roem en fortuin niet alles was wat het beloofd had te zijn.

De rockster vertelde dat hij nu op zoek was naar een diepere betekenis in het leven. De brahmachari nam hem mee naar darshan. De rockster was zichtbaar bewogen door de ervaring. Binnen enkele maanden kwam hij naar Amma's ashram in India en was er trots op dat hij kon zeggen dat hij alle drugs en drank had opgegeven. Hij bracht zelfs zijn laatste langspeelplaat mee naar Amma om deze door haar te laten zegenen.

Op een bepaalde manier hebben beroemde mensen een unieke positie om zich op spiritualiteit te richten. Zoveel mensen denken dat ze alleen gelukkig worden als ze bepaalde materiële doelen bereiken. Maar deze beroemdheden hebben als het ware het einde van de regenboog bereikt en bemerken dat er nog steeds iets ontbreekt. Geluk komt inderdaad niet voort uit het verwerven van iets in de externe wereld. Het is eerder een proces van vrij worden van iets wat we nu hebben, maar niet nodig hebben. Dat iets is het ego, ofwel het gevoel van "ik" en "mijn."

Er was eens een man die tot God bad: "O Heer, ik wil gelukkig zijn." En het antwoord kwam van binnenuit. "Mijn zoon, als je het "ik" en het "willen" weghaalt, zul je vanzelf gelukkig zijn."

Een andere korte weg naar geluk is om onze handelingen met liefde uit te voeren. Het is waar dat we allemaal veel verantwoordelijkheden hebben en dat veel van onze bezigheden verplichtingen zijn. Maar we zijn niet verplicht om een hekel te hebben aan deze karweitjes. We moeten onthouden dat er mensen zijn die ervan houden om dezelfde dingen te doen, waaraan wij een hekel hebben. Zo kunnen we ertoe komen om elk karma of elke handeling te waarderen. Wanneer we leren om een handeling te waarderen, dan zal dat karma ons *ananda* of gelukzaligheid geven. Om gelukzaligheid te ervaren hoeven we niet op het resultaat van een handeling (ofwel *karma phalam*) te wachten.

De grootste verdienste van het vinden van gelukzaligheid in de handeling zelf in plaats van in het wachten op het resultaat van de handeling, is dat deze gelukzaligheid er onmiddellijk is. Het is ook onverwoestbaar door *prarabdha karma* (de resultaten van handelingen in het verleden die bestemd zijn om in het huidige leven vrucht af te werpen). Prarabdha karma kan de resultaten van onze handelingen beïnvloeden en verhinderen dat we het resultaat bereiken dat we in gedachten hadden, maar het kan ons nooit weerhouden om te genieten van de handelingen die we verrichten.

Onlangs vroeg een journalist aan Amma: "Vindt u het niet jammer dat u geen tijd meer hebt voor uzelf en dat u bijvoorbeeld 's avonds niet meer naar het strand kunt gaan om te mediteren?"

Amma antwoordde: "Het was altijd mijn wens om van andere mensen te houden, om anderen te dienen en om hun tranen te drogen. Het is niet nodig om aan iets te denken dat ik niet kan doen en daar dan verdrietig over te zijn omdat ik doe wat ik wil doen. Voorheen was het zus; nu is het zo."

Dezelfde journalist stelde nog een andere vraag. "In het begin was hier niets. Het begon allemaal met slechts een klein hutje en een handvol mensen om u heen. Nu zijn hier zoveel gebouwen, projecten en instituten. Vanuit de hele wereld wordt uw aanwezigheid gevraagd op internationale bijeenkomsten. Waarheen u ook gaat, te midden van enorme mensenmenigten bent u het middelpunt van de aandacht. Wat vindt u van deze radicale veranderingen?"

Amma's antwoord illustreert het werkelijke geheim van haar gelijkmoedigheid van geest. "De uiterlijke omstandigheden zijn wel veranderd, maar ik ben altijd dezelfde. Wat ik toen was, ben ik nu."

Amma heeft niet de wens om *iets* te worden. Het wezen van haar grootheid is gelegen in het feit dat ze weet dat ze alles is en zich toch gedraagt alsof ze niets is. Toen ze uitlegde hoe alles eruitziet vanuit haar transcendente gezichtspunt, zei Amma: "Het hele universum bestaat als een kleine luchtbel in de wijde uitgestrektheid van mijn Bewustzijn." Zo is de uitgebreidheid van haar visie en ervaring.

Als we echt zo nederig als Amma willen worden, hoeven we alleen maar te proberen om het universum waar te nemen zoals het werkelijk is. Dat is genoeg om onze relatieve onbeduidendheid te begrijpen.

Het is de moeite waard om eens een moment stil te staan bij de basale feiten van de astronomie. Probeer je eerst de afstand van een lichtjaar voor te stellen: 9,5 biljoen kilometer ofwel de afstand die iemand aflegt als hij 240 miljoen keer rond de aarde reist. De diameter van onze melkweg is ongeveer 100.000 van deze lichtjaren. En alsof dat nog niet genoeg is om ons volkomen onbeduidend te voelen, zeggen de laatste schattingen dat er ongeveer 125 miljard melkwegstelsels als het onze in het universum zijn. Ondertussen besteden we er al onze energie aan om anderen ervan te overtuigen hoe groot we zijn of we redetwisten over de grenzen van ons eigendom: is het 15 centimeter meer deze kant op of 18 centimeter meer die kant op.

Een van Amma's brahmachari's vertelde me een verhaal over hoe Amma hem een les in nederigheid leerde. Korte tijd nadat hij zijn initiatie tot brahmachari ontvangen had, liep hij in zijn nieuwe gele kleren door de ashram. De toegewijden vielen voor hem op hun knieën en raakten zijn voeten aan om hun respect te tonen. Gedurende enkele dagen werd hij op deze manier behandeld, maar al snel moest de brahmachari uit de ashram vertrekken om een van Amma's projecten te bezoeken. Toen de pas geïnitieerde brahmachari de ashram verliet, zaten zijn koffers volgepakt met zijn nieuwe kleding, maar ook zijn geest was volgepakt, met onbewuste verwachtingen over een koninklijke behandeling tijdens zijn reis.

Tot zijn verrassing behandelde niemand hem met enige bijzondere aandacht of speciale beleefdheid. Op sommige plaatsen leek het alsof mensen sarcastische opmerkingen over hem maakten. Boos en opgewonden door deze ervaring keerde hij enkele dagen later terug naar de ashram. Op een avond, kort na zijn terugkomst, had hij de gelegenheid om naar Amma's kamer te gaan. Ze verwachtte een plaatselijk dorpshoofd, die om een privé ontmoeting met Amma gevraagd had. Hoewel de man slechts een plaatselijke autoriteit was, stond Amma nederig op toen hij binnenkwam en bood ze hem een stoel aan. Het dorpshoofd was zo getroffen door Amma's nederigheid dat hij knielde en vol respect aan haar voeten ging zitten.

Ook de jonge brahmachari werd geraakt door Amma's nederigheid. Plotseling realiseerde hij zich hoe dwaas hij was geweest om een speciale behandeling te verwachten. Wie was hij om iets speciaals van de wereld te verwachten, terwijl zelfs zijn spirituele meester, die door miljoenen mensen over de hele wereld als de Goddelijke Moeder aanbeden werd, van niemand iets verwachtte? Het was een eenvoudige handeling van Amma, maar deze bevrijdde hem van de binding aan zijn verwachtingen.

De mening van andere mensen is voor ons van groot belang omdat we ons identificeren met ons lichaam, onze geest en ons intellect. Maar Amma zegt dat we geen kaarsen zijn die van anderen afhankelijk zijn om aangestoken te worden, maar als de uit zichzelf stralende zon die op eigen kracht schitterend schijnt. Zolang we van anderen afhankelijk zijn, zijn we aan hun genade overgeleverd. Om dit probleem op te lossen adviseert Amma dat we naar Gods aanwezigheid in onszelf zoeken en leren om daarvan afhankelijk te zijn, want dat is inderdaad ons Ware Zelf.

Zo beginnen we aandacht aan andere mensen te besteden, in plaats van de aandacht van anderen naar ons toe te trekken. We worden niet zelfbewust, maar bewust van het Zelf in alle levende wezens.

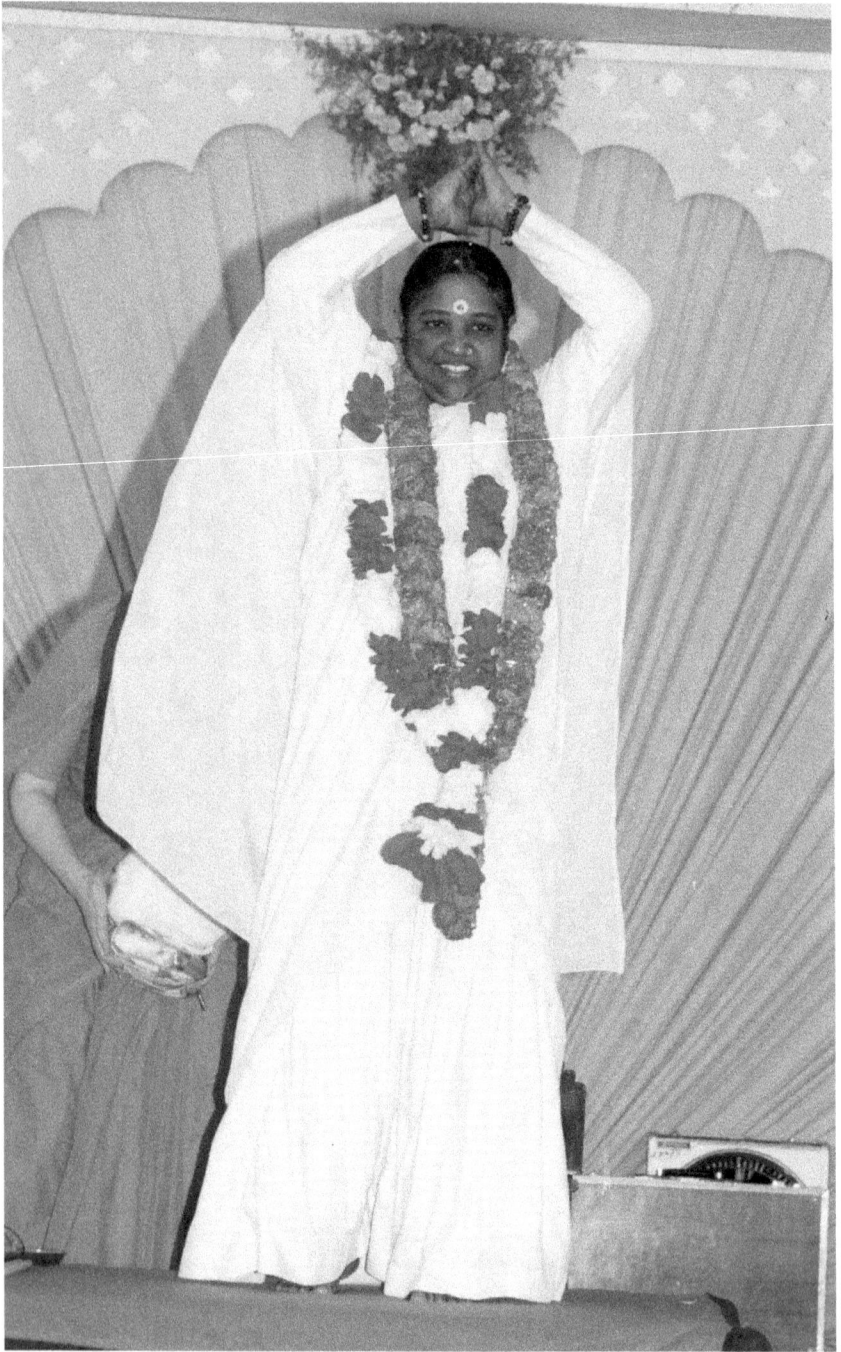

Hoofdstuk 11

Een nieuwe evolutietheorie

*"Een individu begint pas te leven als hij aan de enge
beperkingen van zijn individuele belangen kan ontstijgen
en zich kan richten op de ruimere belangen van de gehele
mensheid."*

– Martin Luther King Jr.

We zijn allemaal bekend met Darwins evolutietheorie.
Volgens deze theorie zijn alle levende wezens gedurende
miljoenen jaren van natuurlijke selectie en aanpassing geëvolueerd tot hun huidige fysieke vorm en gewoonten. Op het vlak
van fysieke evolutie kunnen echter geen uiteindelijk doel, geen
voleinding en geen perfectie bestaan. Werkelijke perfectie kan
alleen van binnen bereikt worden.

Verder heeft het er alle schijn van dat dit proces van evolutie
zich aan het omkeren is. Amma zegt dat er drie typen mensen
zijn: *prakriti* (natuurlijk), *vikriti* (pervers) en *samskriti* (verfijnd).
Als een prakriti persoon wat voedsel krijgt, zal hij gewoon opeten
wat hij krijgt. Een vikriti persoon zal niet alleen zijn deel opeten,
maar ook zoveel mogelijk voedsel van anderen wegpakken. Een
samskriti persoon echter zal eerst zijn voedsel delen met anderen
voordat hij iets voor zichzelf neemt. Amma zegt dat mensen zich
van prakriti tot samskriti moeten ontwikkelen, maar helaas glijden
tegenwoordig veel mensen af van prakriti naar vikriti. Hoewel
gezegd wordt dat de mens uit de apen geëvolueerd is, lijkt het

erop dat de mensen de ladder van de evolutie weer aan het afdalen zijn, omdat ze steeds zelfzuchtiger en egocentrischer worden. Er was eens een oude boer overleden. Men organiseerde een grote plattelandsbegrafenis die door al zijn vrienden en verwanten bijgewoond werd. De pastoor sprak uitgebreid over alle goede eigenschappen van de overledene, wat een eerlijke man hij geweest was en wat een liefhebbende echtgenoot en lieve vader hij geweest was. Tenslotte boog de weduwe naar voren en fluisterde tegen een van haar kinderen: "Ga eens even een kijkje in de kist nemen of het werkelijk je vader is die erin ligt."

In de hedendaagse wereld vinden we het zelfs moeilijk om te geloven in de goedheid van mensen die ons zeer nabij zijn. Amma zegt echter altijd dat ze gelooft in de aangeboren goedheid van haar kinderen. Ze heeft zelfs meer vertrouwen dan wij in ons vermogen om als mensen te evolueren.

Vaak rechtvaardigen we ons gedrag en de impulsen waaraan we ten prooi vallen met woorden als: "Het is gewoon natuurlijk" of: "We zijn ook maar een mens." Maar Amma leert ons hoe we onze lagere natuur kunnen verheffen tot op het niveau van onze idealen in plaats van andersom. Amma heeft gezegd dat haar leven het bewijs is dat het mogelijk is om ondanks talloze wereldse plichten en zelfs onder de meest ongunstige omstandigheden de Allerhoogste Waarheid te realiseren.

Er is dus een theorie nodig die spirituele evolutie verklaart. In plaats van ons te richten op hoe de uiterlijke instrumenten evolueren, moeten we begrip krijgen voor de principes die onze innerlijke ontwikkeling regelen. We moeten de methode begrijpen waarmee onze innerlijke instrumenten zoals de geest, het intellect en het ego, gezuiverd kunnen worden. Dit proces ontvouwt zich op natuurlijke wijze als we ons regelmatig bezig houden met spirituele oefening en de spirituele waarheden in ons opnemen.

Door dit proces gaan we geleidelijk onze ware goddelijke natuur beter begrijpen en blijven we er trouw aan.

Soms vragen mensen zich af: "Waarom aanbidden mensen Amma? Is ze per slot van rekening niet menselijk, net zoals wij allemaal?" Het antwoord is: "Ja, Amma is menselijk." Ze is een echt menselijk wezen in de ware betekenis van het woord. Alle edele eigenschappen die mensen van dieren onderscheiden, zijn volledig in Amma aanwezig.

We kunnen veel leren van de huidige populariteit van films over superhelden. Regelmatig zien we dat reclame voor deze films gemaakt wordt. Het is duidelijk dat de mensen onbewust hunkeren naar iets wat verder gaat dan het alledaagse en de beperkingen van het menselijke domein. We willen geloven dat er in ons een bovenmenselijk potentieel is, dat we verder kunnen gaan dan onze huidige beperkingen. Het vrolijkt ons een tijdje op om te zien dat superhelden vliegen, staal buigen en de superschurk verslaan. Maar als de film voorbij is, worden we opnieuw geconfronteerd met de realiteit van onze beperkingen.

In feite zorgt hetzelfde onbewuste zielsverlangen er voor dat we zoveel van Amma houden. Per slot van rekening is Amma een superheld uit het echte leven. Ze buigt stalen harten, vliegt over de wereld en helpt ons om de innerlijke superschurk van onze negatieve neigingen te verslaan met haar witte, op een mantel lijkende en in de wind wapperende sari.

Door het voorbeeld van haar eigen leven toont Amma ons dat het mogelijk is om de menselijke beperkingen waarmee we ons identificeren te overstijgen en een spiritueel supermens te worden. Soms kunnen we achter de handelingen van de superhelden in de films een verborgen motief aantreffen. Met andere woorden, ze zijn in fysiek opzicht misschien supermensen, maar mentaal zijn ze niet veel anders dan gewone mensen.

In het geval van Amma zijn er echter geen verborgen motieven achter haar handelingen. Haar mededogen is echt onvoorwaardelijk. Ze verwacht niet eens iets terug voor hetgeen ze doet. Toen ze in 2006 in New York de *James Parks Morton Interfaith Award* accepteerde, verklaarde ze nederig: "Alleen door de onbaatzuchtigheid en de zelfopoffering van miljoenen toegewijden over de hele wereld was ik in staat om enkele diensten aan de maatschappij te verlenen. Eigenlijk gaat deze prijs en deze erkenning naar deze mensen. Ik ben slechts een instrument."

Een van de grootste bewijzen voor de oprechtheid van Amma's mededogen en liefde is het feit dat deze eigenschappen zich spontaan manifesteerden zodra ze oud genoeg was om zelfstandig te handelen. In die tijd waren er in de streek geen mensen met spirituele wijsheid of mogelijkheden om satsangs te organiseren. En totdat Amma twintig jaar oud was, waagde ze zich nooit verder dan 10 kilometer van huis. Desondanks handelde Amma altijd in perfecte overeenstemming met dharma. Toen een journalist haar vroeg vanwaar ze haar leiding ontving, legde ze eenvoudig uit dat ze altijd datgene gedaan had wat ze dacht dat juist was. Amma zegt: "Voor mij komt alles van binnenuit. Ik ben afgestemd op het Ware Zelf." Amma was er nooit in geïnteresseerd om wonderen te laten zien, maar haar onvoorwaardelijke liefde is het allergrootste wonder.

Er was eens een paradijselijk eiland waar de personificaties van alle menselijke eigenschappen woonden. Op een dag begon de zeespiegel te stijgen en het werd duidelijk dat het eiland onder water zou lopen. Een voor een verlieten alle eigenschappen het eiland; alleen Liefde bleef achter. Zonder aan zichzelf te denken, wilde ze er zeker van zijn dat iedereen veilig geëvacueerd werd. Pas toen alle anderen weg waren en het eiland bijna helemaal ondergelopen was, realiseerde ze zich dat ze het eiland ook moest verlaten om te overleven. Juist op dat moment kwam Rijkdom in een grote boot voorbij. Liefde vroeg: "Rijkdom, mag ik bij je in je boot komen?"

Rijkdom schudde zijn hoofd: "Sorry, maar mijn boot zit vol met goud en zilver. Hier is geen plaats voor jou."

Liefde besloot om het aan IJdelheid te vragen, die in een prachtige kist voorbij voer: "Alsjeblieft IJdelheid, help mij!"

"Ik kan je niet helpen," gaf IJdelheid met een zweem van walging ten antwoord. "Je bent helemaal nat en zult mijn mooie vaartuig ontluisteren."

Daarop zag Liefde Droefheid langskomen. "Droefheid," riep ze. "Neem me alsjeblieft mee."

Droefheid antwoordde: "Sorry Liefde, ik heb het nodig om nu even alleen te zijn."

Toen Liefde Geluk zag, maakte haar hart een sprongetje van hoop. "Geluk, alsjeblieft, geef me een lift." Maar Geluk was zo blij met haar redding dat ze de roep van Liefde niet hoorde."

Tenslotte berustte Liefde in haar lot. Toen ze bijna met het eiland onder water was geraakt, hoorde ze een stem vriendelijk zeggen: "Kom Liefde, ik zal je met me meenemen." Liefde herkende de spreker niet. Ze kon alleen opmaken dat het de stem van een ouder iemand was. De oudere persoon verwelkomde haar op zijn boot en bracht haar naar droog land. Liefde was zo vol van dankbaarheid dat ze vergat naar zijn naam te vragen. Nadat hij Liefde in veiligheid gebracht had, vervolgde hij zijn weg.

Terwijl ze keek hoe hij in de verte verdween, zag Liefde Kennis langs komen en vroeg: "Wie was degene die me hielp?"

Kennis antwoordde: "Het was Tijd."

Liefde vroeg: "Waarom zou Tijd mij helpen, terwijl niemand anders mij wilde helpen?"

Kennis glimlachte wrang en antwoordde: "Alleen Tijd is in staat om de grootheid van Liefde te begrijpen."

Toen Amma geïnterviewd werd door ABC's 20/20, vroeg de correspondent, die verbaasd was over al het werk dat Amma in de wereld verzette, ongelovig: "Is dat alles wat de wereld nodig heeft? Liefde? Een omhelzing? Is het zo eenvoudig?" Amma verbeterde hem: "Liefde is niet gewoon. Liefde houdt het leven in stand. Liefde is buitengewoon. Alles is gebaseerd op Liefde. Liefde is de bron."

Hoofdstuk 12

Zien is geloven: hoe Amma's liefde levens verandert

"Een menselijk wezen is een deel van het geheel dat we 'universum' noemen; een deel dat in tijd en ruimte begrensd is. Hij ervaart zichzelf, zijn gedachten en gevoelens als gescheiden van al het andere – dit is een soort optische illusie van zijn bewustzijn. Deze illusie is een soort gevangenis voor ons en beperkt ons tot onze persoonlijke verlangens en tot genegenheid voor enkele personen die dicht bij ons staan. Het moet onze taak zijn om onszelf te bevrijden van deze gevangenis door het verbreden van onze kring van mededogen tot het omhelzen van alle levende wezens en het geheel van de natuur in al zijn schoonheid."

– Albert Einstein

Onlangs las ik een interview met een man die besloten had om gratis vreemden te omhelzen. Hij had op een straathoek een bord geplaatst. Omdat echter niemand op zijn aanbod inging, begon hij naar mensen toe te gaan en ze een gratis knuffel aan te bieden. De meeste mensen die hij benaderde draaiden om en liepen vlug de andere kant op. Veel vrouwen waren beledigd omdat ze dachten dat hij hen wilde versieren. Slechts een of twee op de duizend mensen die hij een knuffel aanbood, namen zijn aanbod aan. Dit is precies het resultaat dat te verwachten is, nietwaar?

137

Wie zou zo gek zijn om een omhelzing van een vreemdeling te accepteren? En toch ontvouwt zich in Amma's geval een soortgelijke situatie, maar met totaal andere resultaten. Ik herinner me dat Amma eens onderweg van het ene programma naar het volgende op een vliegveld was. Ze gaf darshan aan enige toegewijden die het voorafgaande programma georganiseerd hadden en die haar naar het vliegveld vergezeld hadden. Een toeschouwer, een zakenman die niets met onze groep te maken had, bekeek de groep met duidelijke afkeer. Aanvankelijk keek hij van tijd tot tijd alleen maar over het randje van zijn krant. Maar toen de menigte om Amma heen begon te groeien en andere zakenlieden, luchthavenpersoneel en zelfs enkele leden van de luchthavenpolitie zich aansloten bij de rij voor Amma's omhelzing, zakte de krant op zijn schoot. Tenslotte ging ook hij in de rij staan voor Amma's darshan.

Wat later, toen Amma en de meeste toegewijden aan boord van het vliegtuig waren gegaan, keek ik achterom en zag ik de zakenman weer in zijn eentje zitten. Hij was niet in zijn krant aan het lezen. Hij pinkte zijn tranen weg terwijl hij uit het raam naar het vliegtuig staarde, waar Amma net ingestapt was.

Wat is nu het verschil? Waarom had de man op de straathoek zulke magere resultaten, terwijl niemand weerstand kan bieden aan Amma wanneer ze schijnbaar hetzelfde aanbiedt? Het verschil zit in de kwaliteit van het aangebodene. Amma's knuffel is natuurlijk niet zomaar een knuffel. Zoals ze zelf zegt: "Er is niet alleen fysiek contact als Amma iemand omhelst. De liefde die Amma voor de gehele schepping voelt, stroomt naar iedereen die bij haar komt. Die zuivere vibratie van liefde zuivert mensen en dit helpt hen bij hun innerlijke ontwaken en spirituele groei."

Onlangs, op een erg drukke darshandag, kwam een klein meisje dat Amma voor het eerst zou ontmoeten naar haar. Ze kwam vanaf de zijkant en had een stuk papier in haar handen.

Wanhopig wilde ze Amma haar tekening laten zien, maar Amma gaf zo snel darshan dat het leek alsof ze nooit tijd zou hebben om even een blik op de tekening van het meisje te werpen. Maar midden in de drukte van alle activiteit, keek Amma uit een ooghoek naar het kleine meisje.

In haar volgende vrije moment keerde Amma zich naar het meisje en zei: "O, laat me je tekening alsjeblieft eens zien!" Het kleine meisje was in de zevende hemel. Ze toonde haar meesterstuk aan Amma die zeer onder de indruk leek. Ondertussen waren wij, die vlakbij Amma stonden, nog moeite aan het doen om te ontdekken wat het onderwerp van de tekening was. Het was duidelijk een abstracte compositie van soorten. Het zag eruit als een dier dat het midden hield tussen een zeehond en een olifant en sneeuwschoenen droeg.

Amma prees de prestatie van het meisje en begon haar daarna te leren hoe ze moest tekenen. Ze nam een stuk papier, legde dit op de rug van de toegewijde die ze op dat moment in haar schoot hield, tekende een bloem en zei: "Kijk, zo teken je een bloem. Nu teken jij een bloem." Het kleine meisje ging onmiddellijk in haar taak op en maakte snel haar eigen weergave van de bloem. "O, heel goed," zei Amma liefdevol. Alsof ze alle tijd van de wereld had, leerde Amma haar vervolgens om een andere bloem te tekenen. Daarna een boom, een vogel en zoveel andere dingen, en dat allemaal terwijl ze darshan gaf. Ze gaf dit kleine meisje zoveel liefde en affectie. Later hoorden we dat dit meisje dyslexie had en op school worstelde met leren. Het was duidelijk dat Amma dit al wist. De interactie had duidelijk een diepgaande invloed op het kleine meisje. Ze worstelt niet meer met haar leerstoornis op school en kan samen met de andere kinderen studeren. Alleen door deze ene interactie met Amma was dit kleine meisje in staat om de wereld in een heel nieuw licht te zien.

Een ander soortgelijk voorbeeld is het verhaal van een toegewijde uit Seattle. Toen hij voor de eerste keer op weg naar Amma's
programma ging, nam hij de bus vanuit een ander stadsdeel. De
man had multiple sclerose en liep altijd rond met een stok. Ook
had hij toen hij Amma voor de eerste keer bezocht, geen werk
en leefde hij op straat of in een huis voor mensen met een laag
inkomen, omdat hij alleen zijn arbeidsongeschiktheidsuitkering
als inkomen had. Zijn armoede was niet alleen een materiële
armoede, maar ook een armoede aan vertrouwen. Hij werd ach-
tervolgd door een gevoel van hopeloosheid en had volkomen in
zijn omstandigheden berust. Op zijn eerste avond met Amma
bleef hij voor Amma's toespraak en devotionele liederen. Bij zijn
vertrek was hij, ook al had hij Amma's darshan niet ontvangen,
gelukkig door deze ervaring.

Op weg naar huis bleek dat de bus niet snel zou komen. Hij
was zo vol energie dat hij besloot om tot de volgende bushalte
te lopen. Na een korte pauze dacht hij: "Ik heb nog meer tijd.
Waarom zou ik ook niet naar de volgende bushalte lopen?" Op
deze manier slaagde hij erin om sneller te zijn dan de bus naar huis.

Men zou dit gewoon kunnen toeschrijven aan een adrenali-
nestoot, maar hij verloor die nacht zijn energie niet. Kort hierna
gaf de man geleidelijk zijn stok op, want zijn multiple sclerose
baarde hem nooit meer zoveel zorgen als voorheen. Zijn snel ver-
beterende gezondheid was echter maar een klein onderdeel van de
transformatie die zich na zijn ontmoeting met Amma ontplooide.
Binnen een paar maanden na zijn eerste ontmoeting met Amma
had hij de inspiratie om te solliciteren naar een baan bij het
huisvestingsproject waar hij woonde. Hij werd sociaal werker en
hielp de mensen in die gemeenschap. Een paar maanden nadat hij
deze baan aangenomen had, werd hij directeur van het centrum.
Twee jaar later werd hij uitvoerend directeur van het Operational
Emergency Center, een van de grootste voedselbanken van Seattle.

Nog enkele jaren later ging hij werken voor de stad Seattle. Hij is daar nu directeur van de Homelesness Intervention and Block Grant Administration. In zijn kantoor op de zestigste verdieping met uitzicht over de stad, heeft hij een afbeelding van Amma en een kopie van een van Amma's toespraken die iedereen mag lezen. Amma raakte hem bij zijn eerste bezoek fysiek niet eens aan, maar kijk eens naar de volledige transformatie die in zijn leven ontstond door in Amma's aanwezigheid te zijn. Amma heeft zoveel vertrouwen in ons dat we geen andere keus hebben dan in onszelf te geloven.

Op een dag was een brahmachari met de bus onderweg om ergens een programma te organiseren. De man die naast hem zat vroeg hem bij welke ashram hij hoorde en waar hij heen ging. De brahmachari sprak vriendelijk met hem. Voordat de man uit de bus stapte, gaf hij de brahmachari zijn telefoonnummer en nodigde hem uit om bij hem thuis op bezoek te komen als hij weer eens door de stad kwam.

Enige maanden later kwam de brahmachari door dezelfde stad. Plotseling herinnerde hij zich de man en voelde hij een sterke impuls om hem op te bellen. De man beantwoordde het telefoontje van de brahmachari en nodigde hem uit om uit de bus te stappen. Hij zou hem dan ophalen. De brahmachari stapte bij de volgende halte uit en niet veel later zat hij naast de man in een auto. Zodra ze reden, realiseerde de brahmachari zich dat de man helemaal dronken was. De brahmachari was geschokt, maar voordat hij het wist, stopte de auto voor het huis van de man. De man stapte uit, opende de deur voor de brahmachari en nodigde hem uit om binnen te komen.

Bij de voordeur werd hij begroet door de echtgenote en de moeder van de man. Beiden waren in tranen. De echtgenote ver-telde aan de brahmachari dat de man slechts enkele ogenblikken daarvoor aan het twisten was met zijn moeder. Toen de vrouw tussenbeide probeerde te komen had hij een keukenmes gepakt. Hij stond op het punt op haar af te stormen toen zijn mobiele telefoon ging. Toen hij de stem van de brahmachari hoorde, kwam hij plotseling tot zichzelf. Hij legde het mes weg en vertrok om de brahmachari op te halen. Als het telefoontje een ogenblik later gekomen was, had hij haar misschien gedood.

Na het bezoek van de brahmachari veranderde het karakter van de man totaal. Hij bracht zijn moeder en zijn vrouw mee om Amma te ontmoeten en bekende al zijn fouten. Amma adviseerde hem: "Verspil je leven niet, zoon." De man nam haar woorden ter harte. Hij heeft sinds die dag geen alcohol meer aangeraakt en trouw voor zijn vrouw en moeder gezorgd.

Amma's liefde kan zelfs de donkerste en meest vergeten hoekjes van het menselijke gemoed bereiken. Zelfs gedetineerden die over Amma en haar onvoorwaardelijke liefde horen, veranderen.

Een van deze jongemannen vertelt hoe hij lid was van een bende, drugs gebruikte en verkocht en zelfs werd neergeschoten door een lid van een rivaliserende bende voordat hij voor de eerste keer een foto van Amma in een tijdschrift zag en besloot om haar programma bij te wonen. Hij bracht de hele nacht door met kijken naar Amma, maar ging zelf niet voor darshan naar haar toe. Toch was hij geboeid door Amma's onzelfzuchtige, onvoorwaardelijke liefde. Hij voelde zich opgemonterd en geïnspireerd door haar woorden over een leven dat gewijd is aan het dienen van de mensheid.

Toch bleef zijn verleden hem steeds achtervolgen en was hij niet in staat om zijn verslavingen helemaal te boven te komen. Ten slotte werd hij dakloos en leefde op straat. Hij wist dat een leven van liefde en dienstbaarheid mogelijk was, maar omdat hij zich er niet toe in staat voelde, dacht hij zelfs dat het beter was om te sterven. Op dat punt werd hij gearresteerd en gevangen gezet. Na een paar weken in de gevangenis begon hij plotseling aan Amma te denken. Hij herinnerde zich hoe hij zich in haar aanwezigheid voelde, dat zij ondanks zijn verleden en al zijn misdaden, altijd van hem zou houden als haar eigen liefste zoon. Het volgende dat hem overkwam was dat hij tranen van vreugde huilde. Hoewel hij in de gevangenis zat, voelde hij zich voor de eerste keer in zijn leven een vrij man.

Daarna vertelde hij aan meer dan zeventig medegevangenen over de volheid van liefde die hij in Amma's aanwezigheid gevonden had. Hij schreef naar Amma's ashram in Californië en ontving een pakketje met Amma's boeken en foto's. Het ging vergezeld van bemoedigende woorden van sommige bewoners van de ashram. Hij las de boeken, gaf ze aan anderen door en zette de foto's in zijn cel neer.

Spoedig daarna kreeg hij de inspiratie om met Thanksgiving een diner voor de gevangenen te bereiden, als dienst aan de mensen om hem heen. Later vertelde een gevangenisbewaarder hem dat ze zoiets nog nooit in de gevangenis gezien hadden. Enkele gevangenen vertelde hem dat ze die ene dag in staat waren om te vergeten dat ze in de gevangenis zaten.

De man werd na korte tijd vrijgelaten en brengt nu zijn tijd door met het helpen van andere mensen die voelen dat er voor hen geen hoop en hulp meer is. In Amma's Amerikaanse non-profit organisatie heeft hij geholpen bij het opzetten van een programma om Amma's boodschap bij gevangenen in het hele land te brengen door haar boeken beschikbaar te stellen aan gevangenen. Ook nam hij deel aan een programma dat gevangenen hielp om door het schrijven van brieven in contact te blijven met liefhebbende toegewijden. En ieder jaar brengt hij groepen daklozen en herstellende drugsverslaafden naar Amma's darshan, waar ze zowel een warme maaltijd als haar transformerende omhelzing ontvangen. In de *Guru Gita* wordt gezegd:

ajñāna timirāndhasya jñānāñjana śalākayā
cakṣurun mīlitam yena tasmai śrī gurave namaḥ

Groet aan de goeroe die met een naald, gedoopt in
de zalf van kennis, de ogen opende van diegene die
verblind was door de cataract van onwetendheid.

De woorden van een ware meester hebben een speciale macht om
onze ogen te openen voor ons eigen potentieel. Het verhaal over
een andere gevangene illustreert dit punt. Hij werd gearresteerd
in 1996 en veroordeeld tot 10 jaar gevangenis. Hierna werd zijn
crimineel gedrag alleen maar erger. Op een keer viel hij een gevan-
genbewaarder aan en werd hij veroordeeld tot drie extra jaren in
eenzame opsluiting. In die tijd mocht hij slechts een uur per dag
naar buiten. Na drie maanden in isolatie keek hij om zich heen
en vroeg zich af: "Hoe kon het zo met mij aflopen?" Hij besefte
dat hij moest veranderen, maar hij wist niet hoe. De volgende
dag kwam een gevangenisbewaarder langs met een boekenkarretje
en vroeg de gevangene of hij iets wilde lezen. Hij keek ernaar en
zag een van Amma's boeken. Hij werd onmiddellijk aangetrokken tot haar foto en nam het boek. Toen hij Amma's woorden las
over de onstabiele aard van de geest en hoe mensen geneigd zijn
om verkeerde beslissingen te nemen als ze in een diep emotionele toestand zijn, realiseerde de gevangene zich dat Amma een
perfecte beschrijving van zijn leven tot op dat moment gaf. Hij
volgde Amma' instructies voor meditatie op. Het resultaat was dat
hij zich langzaamaan meer bewust kon worden van zijn emoties
en betere beslissingen kon nemen. Tenslotte merkte hij dat hij
niet langer negatieve dingen zei of deed als hij kwaad was en dat
hij in staat was om bewust te besluiten niets te doen waarvan hij
later spijt zou krijgen.

Hij zegt dat dit voor hem de eerste stap was om te leren eniger-
mate controle te hebben over gedrag waarvan hij voorheen dacht

dat het een deel van zijn persoonlijkheid was. Tegenwoordig gaat hij naar een universiteit en is een goede student in natuurkunde en techniek. Hij schrijft alles wat hij heeft bereikt, toe aan Amma en haar goddelijke wijsheid en liefde.

Ook in India heeft Amma verloren zielen kunnen redden en zelfs de hardste harten kunnen transformeren. Ik herinner me het verhaal van een man die later in zijn leven een toegewijde werd. Het is een understatement om te beweren dat hij een veelbewogen jeugd had gehad. Als jongen, werd hij op school vaak gepest. Op zekere dag vocht hij duchtig terug en kwam erachter dat hij het respect van zelfs de hardste en gemeenste kinderen verworven had en dat iedereen bang voor hem was. Daarna durfde niemand meer met hem te spotten of hem aan te raken. Die dag leerde hij dat zijn vermogen tot geweld hem veiligheid en macht opleverde. Deze les bleef hem bij. Als jongeman werd hij huurmisdadiger. Hij haalde geld op voor geldschieters. Dit nam een zodanige omvang aan dat zijn naam de door zijn werkgever belaagde schuldenaren letterlijk de schrik op het lijf joeg.

En toen ging zijn vrouw op een dag naar Amma. Ze was geraakt door Amma's leven, boodschap en liefdevolle gedrag en werd een toegewijde. Ze bezocht de ashram zo vaak als ze kon. Ze nam ook foto's van Amma mee naar huis en gaf deze een plekje in de pujaruimte van hun huis. Naarmate ze meer naar Amma toegroeide, begonnen het drinkgedrag en het zware leven van haar man haar steeds meer zorgen te baren. Ze nodigde hem vaak uit om mee te gaan naar Amma, maar hij toonde nooit enige belangstelling. Hij wilde echter niet dat ze ongelukkig was en toen ze hem tenslotte vroeg om een eed te doen op Amma's foto dat hij op zou houden met drinken en zijn criminele leven, deed hij dit zonder aarzeling. Zijn enige intentie was echter om zijn vrouw te kalmeren en niet om iets te veranderen aan zijn levensstijl. En dus ging hij gewoon door. Maar toen zijn vrouw hem weer uitnodigde om mee naar Amma te gaan, nam hij de uitnodiging om de een of andere reden aan.

Het was de eerste keer dat zijn vrouw Amma bezocht, sinds ze van haar man had geëist om een belofte te doen. Ze had nog geen gelegenheid gehad om dit aan Amma te vertellen. Maar op het moment dat haar man voor Amma knielde, berispte ze hem vriendelijk: "He, mijn zoon, hoe durf je een belofte te breken?" Hoewel deze woorden luchthartig werden gesproken, troffen ze de man als een donderslag. Amma wist van zijn belofte; dan wist ze dus alles wat hij gedaan en gezegd had. Toch zag ze nog genoeg goedheid in hem om hem te omhelzen en om hem liefdevol aan te spreken als haar eigen lieve zoon. Vanaf dat moment hield de man zich aan zijn belofte. Sindsdien is hij een van de vurigste toegewijden in de streek waar hij woont. En niet alleen dat, maar hij neemt ook Amma's boodschap ter harte en doneert een deel van zijn salaris, van zijn nieuwe en legale baan, om boeken en schoolkleding voor arme studenten te kopen.

Amma zegt: "Zelfs een kapot horloge geeft twee maal per dag de juiste tijd aan." Vanuit dit uiterst edelmoedige en oneindig geduldige standpunt repareert ze defecte mensen. Ze maakt hen heel en geeft ze als prasad terug aan de wereld. Doordat ze het laatste vonkje goedheid in de donkerste harten weet aan te blazen, kan ze een vreugdevuur creëren van liefde, mededogen en toewijding aan toevallige en geplande daden vol vriendelijkheid.

Door haar liefde verandert Amma de wijze waarop zoveel mensen over de gehele wereld zichzelf, hun potentieel, de gemeenschap waarin ze leven en hun wereld zien. En dit is niet beperkt tot degenen die fysiek door Amma omhelsd worden. Veel mensen kunnen zich niet veroorloven om Amma te bezoeken of wonen niet in de nabijheid van de plaatsen waar Amma op haar tournee komt, maar ze horen over het werk dat ze doet en dan willen ze graag hun bijdrage leveren.

Amma zegt: "Men wordt compleet als kennis en liefde samenkomen. Mogen de harten van mijn kinderen ook vervuld worden van ware kennis en liefde. Mogen mijn kinderen op deze manier het licht van de gehele wereld worden."

Hoofdstuk 13

Uit je comfortzone komen

"Het enige wat God je nadrukkelijk vraagt is om uit jezelf te komen en om God in jou God te laten zijn."

— Meester Eckhart

Amma vertelt het volgende verhaal. Op zekere dag ontdekte een generaal dat een voorheen veelbelovende jonge kapitein een ernstige drinkgewoonte ontwikkeld had. Hij ontbood de beschonken kapitein naar zijn kantoor en zei: "Je bent een goede man, maar je verspilt je leven. Als je nuchter kunt blijven, zul je weldra kolonel worden."

De kapitein lachte en antwoordde: "Het is het niet waard. Als ik nuchter blijf, zal ik slechts kolonel worden, maar als ik dronken ben, ben ik al generaal!"

Amma zegt vaak: "Het is gemakkelijk om iemand die slaapt wakker te maken, maar moeilijk om iemand die doet alsof hij slaapt wakker te maken." Dit wil zeggen dat we op een of ander niveau ons ervan bewust zijn dat het leven dat we leiden en de keuzes die we maken niet altijd in overeenstemming zijn met onze spirituele doelen.

Amma leidt haar kinderen bijvoorbeeld vaak in het volgende gebed:

O Heer, mogen al mijn gedachten aan U gewijd zijn.
Mogen al mijn woorden een lofzang ter ere van U zijn.

Mogen al mijn daden een offer aan Uw lotusvoeten zijn.
Mogen al mijn stappen mij dichter bij U brengen.

Het is de moeite waard om te onderzoeken of onze daden werkelijk in overeenstemming met dit gebed zijn. Het heeft ten slotte geen zin om te bidden dat al onze stappen ons dichter bij God brengen en vervolgens op te staan en in de tegenovergestelde richting te rennen.

Er stond eens een man rustig aan het bed van zijn stervende vader. De oude man fluisterde: "Alsjeblieft, mijn jongen, onthoud voor altijd dat rijkdom geen geluk brengt."

Zijn zoon antwoordde: "Vader, dat realiseer ik me. Maar rijkdom zal me tenminste de mogelijkheid geven om te kiezen voor de ellende die ik het aangenaamste vind." Net zoals in dit voorbeeld, nemen veel mensen genoegen met het minste van een aantal kwaden. Omdat we het graag comfortabel hebben, nemen we beslissingen die in strijd zijn met ons spirituele doel. Maar om het doel van het spirituele leven te bereiken moeten we ofwel het idee over wie we zijn uitbreiden totdat dit idee het gehele universum omvat ofwel onszelf totaal vergeten. Beide methoden vereisen dat we verder gaan dan onze comfortzone, dat we dingen doen die we niet graag doen en dat we leren om de behoeften en wensen van anderen voor onze eigen behoeften te laten gaan. Gelukkig voor ons is Amma er een expert in om ons bij de hand nemen. Ze leidt ons altijd even vriendelijk uit de gevangenis van onze comfortzone, voorbij de grenzen van onze persoonlijke voorkeur en afkeer.

Tijdens een tournee van Amma in Noord-India stopte de groep langs de kant van de weg om te gaan lunchen. Amma serveerde voor iedereen borden met rijst, tapiocacurry en sambar. Na het gebed begon iedereen te eten. Amma merkte op dat een brahmachari die naast haar zat, niet begon te eten. Hij keek een beetje ongelukkig naar zijn bord; hij was niet erg dol op tapioca.

Amma maande hem: "Eet eens wat." Berustend in zijn lot, begon hij met tegenzin een handvol voedsel te eten. Plotseling reikte Amma naar zijn bord en deed het grootste deel van zijn tapiocacurry op haar eigen bord. Terwijl hij haar zag eten, voelde de brahmachari zich erg in verlegenheid. Volgens de traditie van India is het respectloos om iemand anders van je eigen half leeggegeten bord te laten eten, en zeker als het de goeroe is. Maar Amma was onverstoorbaar. Toen ze klaar was met eten, zei ze: "Ik heb zijn curry genomen. Laat iemand hem wat meer geven."

Een serverende brahmachari bracht hem nog wat en vol plichtsbesef begon hij te eten. Maar terwijl hij aan het eten was, gebeurde er iets grappigs. Plotseling kwam de gedachte bij hem op dat Amma de curry vast erg lekker vond. Ze had immers curry van zijn bord genomen. Waarom zou hij de curry dan niet lekker vinden? Terwijl hij zo aan het denken was, realiseerde hij zich plotseling dat hij geen afkeer meer voelde voor de curry. In de loop der tijd merkte hij dat hij, iedere keer als hij tapiocacurry at, aan Amma werd herinnerd. Stukje bij beetje ging hij de smaak waarderen. Tegenwoordig vraagt hij zelfs om een tweede portie als er tapioca geserveerd wordt.

Op soortgelijke wijze zijn de meesten van ons niet geneigd tot onzelfzuchtige dienstverlening of tot regelmatige spirituele oefeningen. Maar als we Amma met zoveel enthousiasme en oprechtheid met deze dingen bezig zien, kunnen we niet anders dan in haar voetstappen volgen.

We kunnen echter verwachten dat we in de eerste stadia van het spirituele leven enkele struikelblokken tegenkomen. Als we bijvoorbeeld een relatie beginnen met een spirituele meester, komen we met veel verwachtingen aangaande de leiding die we zullen krijgen. Maar als de meester ons daadwerkelijk gaat adviseren, merken we soms dat wat hij ons zegt ons niet bevalt. Het is de taak van de goeroe om ons te helpen verder te gaan dan onze voorkeur en afkeer. Dit moeten we in gedachten houden als we leiding en instructies van de meester ontvangen. Natuurlijk zal de meester dingen zeggen die we niet graag horen en ons vragen om dingen te doen die we niet graag doen. We moeten hierop voorbereid zijn en niet vergeten dat het voor ons eigen bestwil is. Het is enkel bedoeld om ons gevoel voor wie we zijn en voor wat we kunnen, uit te breiden.

In onze beginjaren met Amma wisten we niets over spiritualiteit. We werden alleen maar aangetrokken en geïnspireerd door Amma's onvoorwaardelijke en moederlijke liefde. Amma ging enige tijd erg toegeeflijk met ons om, zoals een moeder met haar kinderen omgaat. Maar na een tijdje kondigde Amma aan dat ze enige regels zou instellen voor onze eigen spirituele groei. Destijds gaf Amma als commentaar: "Als een plant nog jong is, heeft hij bescherming nodig. Anders wordt hij opgegeten door loslopende dieren of vertrapt door een onoplettende voorbijganger. Wanneer hij echter tot boom uitgegroeid is, kan men er zelfs een olifant aan vastbinden, zo sterk zal hij dan zijn. In dezelfde trant moet een spirituele aspirant zich in het begin strikt houden aan de traditionele richtlijnen van het spirituele leven."

Een van de nieuwe regels in deze dagen was een verbod op koffie en thee. Zoals Amma zegt: "Als we niet eens een klein stroompje over kunnen steken (de gewoonte om koffie te drinken opgeven) hoe kunnen we dan verwachten om de oceaan van *samsara* (de cyclus van geboorte en dood) over te steken?"

Eén brahmachari kon echter in eerste instantie zijn gewoonte om koffie te drinken niet opgeven. Hij ging in het geheim door met koffiezetten en dronk het dan in zijn eentje op. Op een dag maakte hij een tweede kop voor een andere brahmachari. Die tweede brahmachari kreeg er nadien echter spijt van dat hij de koffie gedronken had en ging naar Amma om zijn overtreding te vertellen. Amma riep de eerste brahmachari en beschuldigde hem er luidkeels van dat hij een slechte invloed had op de andere brahmachari, die pas kort geleden in de ashram was komen wonen. Wat later die dag zaten enkelen van ons in de keuken toen de eerste brahmachari binnenstormde en duidelijk kwaad keek. "Vanaf dit moment zal ik mijn koffie nooit meer met iemand delen!" verklaarde hij

Zo kunnen we, wanneer de goeroe iets zegt dat ons niet bevalt, altijd een manier vinden om het zo te interpreteren dat het niet wijst op de noodzaak tot een verandering van ons gedrag.

Amma vertelt de volgende parabel om dit punt te illustreren. Er ging eens een man op zoek naar een meester. Hij wilde een goeroe die hem in overeenstemming met zijn eigen verlangens kon begeleiden. Maar er was geen enkele goeroe bereid om dat te doen; ook waren de regels die de goeroes hem oplegden onacceptabel voor hem. Tenslotte was de man moe en ging in een veld liggen om te rusten. Hij dacht: "Er is geen goeroe die me wil leiden op een manier die me bevalt. Ik weiger om iemands slaaf te worden! Wat ik ook besluit te doen, is het niet God die me het op een of andere manier laat doen?" Hij draaide zijn hoofd opzij en zag vlakbij een kameel staan die met zijn kop schudde. "Ah ja! Er is iemand die geschikt is om mijn meester te zijn," dacht de man.

"De man vroeg: "Kameel, wil je mijn meester zijn?" De kameel knikte met zijn kop.

Zo accepteerde de man de kameel als zijn spirituele meester. Hij vroeg: "O meester, mag ik u mee naar huis nemen?" De kameel knikte weer. Hij nam de kameel mee naar huis en bond hem aan een boom.

Er gingen een paar dagen voorbij. Toen vroeg hij: "O meester, er is een meisje op wie ik verliefd ben. Mag ik met haar trouwen?" de kameel knikte.

Na een tijdje zei hij: "O meester, ik heb geen kinderen." De kameel knikte weer. De kinderen werden geboren.

Op een dag vroeg de man: "Kan ik met mijn vrienden wat alcohol drinken?" De kameel knikte. De man werd spoedig een dronkaard. Hij begon te twisten met zijn vrouw. Hij vroeg aan de kameel: "Mijn vrouw valt me lastig. Mag ik haar slaan?" De kameel knikte. De man ging naar huis en handelde aldus. Toen de politie de opschudding hoorde, kwamen ze hem arresteren.

Amma zegt: "De goeroe is als een dokter die de door een slang gebeten patiënt niet laat slapen. De toeschouwer vindt de methodes van de dokter misschien wreed en vindt wellicht dat de dokter de patiënt enige rust moet gunnen. Maar de dokter weet dat de patiënt kan sterven als hij in slaap valt." Amma zegt ook: "Als je een goeroe vindt die je laat doen wat je wilt of als je gewoon leeft zoals je behaagt, dan zul je in gebondenheid blijven leven."

Pas geleden vertelde een van Amma's toegewijden me een verhaal. Hij zei dat hij op een dag met een vriend medelijden had over allerlei meningsverschillen die in zijn plaatselijke satsang-groep ontstonden. Nadat zijn vriend, die een ander spiritueel pad volgde, een tijdje geluisterd had, onderbrak hij hem. Hij zei: "Weet je, mijn groep heeft dezelfde problemen. Maar in jouw geval hoef je je geen zorgen te maken."

"Waarom niet?" Vroeg Amma's toegewijde.

"Omdat je goeroe 100% is. Ik twijfel er niet aan dat ze een perfecte meester is. Daarom zal alles wat er in haar satsanggroep gebeurt tot jullie spirituele groei leiden."

De toegewijde protesteerde: "Wacht even, ik herinner me dat je naar het programma kwam toen Amma voor de eerste keer naar onze stad kwam. Maar je bent nooit teruggekomen."

"Dat is waar," gaf zijn vriend toe. "Ik kwam binnen en zag Amma vooraan in de zaal zitten terwijl ze darshan gaf. Op het moment dat ik haar zag, kon ik zeggen dat ze een echte meester was. Daarom keerde ik om en liep meteen weer naar buiten."

"Waarom?" vroeg de toegewijde.

De vriend legde uit: "Omdat ik wist dat ze echte verandering betekende. Ik wist dat als ik bij Amma zou blijven, ik vroeg of laat mijn comfortzone zou moeten verlaten en echt zou moeten veranderen."

Dit geldt voor ons allemaal. Als we bij een ware meester als Amma komen, gaat het er niet om dat we onze problemen of de problemen van de wereld gewoon vergeten. Daarvoor kun je ook naar een film gaan of dronken worden. Wat werkelijk nodig is, is meer bewustzijn, niet minder. Amma maakt ons meer bewust van onze innerlijke wereld en ook meer bewust van onze omgeving. Amma zegt dat, wanneer we televisie kijken en mensen in de wereld zien lijden, onze eerste impuls zou kunnen zijn om een andere zender te kiezen. Maar Amma zegt dat we onszelf niet blind moeten maken voor het lijden van anderen. Er zijn problemen in de wereld en Amma wil dat haar kinderen een deel van de oplossing zijn. Daarom moedigt ze ons aan om onze uitgaven aan luxeartikelen te minimaliseren en om een half uur per dag extra te werken om geld voor de armen bijeen te brengen. Daarom zegt ze dat voedsel verspillen een vorm van geweld is. Dit zijn geen gemakkelijke richtlijnen om op te volgen en het zwakste, meest luie en zelfzuchtige deel in ons voelt misschien dat Amma niet erg praktisch is. Maar hoeveel beter zou de wereld worden, als we Amma's richtlijnen ter harte zouden nemen en ze oprecht zouden opvolgen. Ons leven zou veel gelukkiger zijn.

Geen enkel voorval dat zich om Amma heen afspeelt kan als een enkel verhaal verteld worden. Er zijn net zoveel verhalen als aanwezige toegewijden, want ieder van hen heeft een andere ervaring, een andere parel die hij voor altijd met zich mee draagt. Een brahmachari vertelt zijn verhaal naar aanleiding van Amma, toen ze unniyappam op het dak van de ashram in Madurai maakte.

Terwijl Amma het deeg in de kokende olie goot en bepaalde of de zoetigheid klaar was om op te dienen, lachte ze: "Deze zijn pas halfgaar, net als sommigen van mijn kinderen." Een brahmachari, die vlak bij haar zat, dacht bij zichzelf: "Inderdaad, veel van deze mensen zijn, in tegenstelling tot mij, niet echt klaar om Amma's leringen te ontvangen. Het belangrijkste is dat ze zich niet echt aan de goeroe hebben overgegeven."

Vlak daarna deelde Amma aan iedere aanwezige twee unniyappams als prasad uit. Volgens de traditie moet een echte leerling dat wat de goeroe als prasad aanbiedt accepteren, wat het ook is. Deze brahmachari had echter onlangs last gehad van maagpijn en misselijkheid. De dokter had hem geadviseerd om voorlopig geen gebakken voedsel te eten. Omdat hij hieraan dacht strekte hij zijn hand niet uit om Amma's prasad te ontvangen. Tenslotte vroeg Amma aan iedereen die geen prasad gekregen had om zijn hand op te steken. Ze keek naar hem en vroeg hem om haar verzoek in het Engels te vertalen. Dat deed hij, maar zelfs toen stak hij zijn eigen hand niet op omdat hij aan het doktersadvies dacht. Nadat Amma aan iedereen prasad gegeven had, boog de brahmachari zich naar voren en vertelde hij Amma over zijn recente gezondheidsproblemen. Met veel tederheid riep Amma uit: "O mijn zoon, voel je je niet goed? Eet dit." Na dit gezegd te hebben en met een ondeugende lach op haar gezicht legde ze twee unniyappams in zijn hand en vouwde zijn vingers eromheen.

Toen Amma opstond en wegliep, realiseerde de brahmachari zich dat Amma hem plaagde vanwege zijn verzet om haar prasad te accepteren en omdat ook hij slechts halfgaar was.

Op deze manier brengt Amma ons in situaties waarin we ons bewust kunnen worden van onze negatieve neigingen en we eraan kunnen werken om ze te ontgroeien. Ze zal ons echter niet dwingen om iets te doen.

Een van Amma's brahmachari's vertelde me onlangs een verhaal dat dit punt illustreert. Ongeveer 18 jaar geleden namen alle bewoners van de ashram deel aan een project om een onder water gelopen stuk van het ashramterrein terug te winnen. Ze droegen zandzakken van de plaats waar dit zand gelost was naar het overstroomde stuk grond. Een jonge brahmachari, die niet erg geneigd was om met zijn handen te werken, dacht plotseling: "Wanneer zal ik afgelost worden? Ik heb dit al zo lang moeten volhouden." Toen hij weer terugliep naar de zandhoop, kwam Amma plotseling aanrennen, net toen hij bukte om een andere zandzak over zijn schouder te gooien. Ze riep hem bij zijn naam: "Hoe lang ben je al met zand aan het sjouwen, mijn zoon?"

De brahmachari antwoordde: "Bijna twee uur."

Toen riep Amma luidkeels: "Twee uur. Kijk deze jongen. Hij heeft zo lang en hard gewerkt."

Terwijl ze dat zei, probeerde ze de zandzak van zijn schouders te nemen. De brahmachari weigerde dit en liep van haar weg om het zand op de plaats van bestemming te brengen. Maar toen hij weer bij de zandhoop terugkwam, stond Amma hem op te wachten. "Ga maar uitrusten, mijn zoon."

Misschien hebben we in het verleden, vanwege onze onwil om buiten onze comfortzone te stappen, fouten gemaakt of gelegenheden gemist om iets goeds te doen. We hoeven ons echter niet slecht te voelen over onze misstappen op weg naar God. Hoe vuil het water van onze geest ook is, het kan altijd geleidelijk gezuiverd worden door het frisse water van goddelijke gedachten en goede handelingen toe te voegen. Zowel ziekte als zonde zijn onvermijdelijke aspecten van het menselijke bestaan. Ziekte is een symptoom van een lichaam dat uit balans is; zonde is een symptoom van een geest die uit balans is. Spiritualiteit helpt ons om het evenwicht in onze geest te herstellen en brengt ons terug op het juiste pad.

De manier waarop de goeroe zijn leerlingen selecteert is vergeleken met de traditie waarbij heilig water uit de Ganges gebruikt wordt om sandelhout te slijpen tot geurige sandelpasta. Het Gangeswater symboliseert de zuivere leerling en het sandelhout symboliseert de spirituele meester die de geur van ware spiritualiteit bij zich draagt. Gewone meesters selecteren enkel de zuiverste leerlingen die de juiste spirituele en morele aard hebben. Maar echte meesters zoals Amma zijn helemaal niet bezig met zulke kwalificaties. Hoewel de Ganges binnen hun bereik ligt, nemen ze in plaats daarvan doelbewust het vuile water in de vorm van de ongeschikte leerling en gebruiken ze dit om sandelpasta te maken. Hoe moeilijk dit proces ook is, ze gaan onvermoeibaar met oneindig veel geduld en mededogen tot het einde door.

We moeten dus nooit opgeven omdat we denken dat we hopeloos zijn. Laten we liever gebruik maken van deze kostbare kans om met een mahatma als Amma om te gaan en zuivere liefde voor God ontwikkelen. Door haar voorbeeld van gebed en dienstbaarheid na te volgen zullen ook wij eens ons kleine zelf vergeten en werkelijk, blijvend geluk ervaren.

Hoofdstuk 14

Vasthouden aan de waarheid

*"Door een persoonlijke relatie met een ware meester te
ontwikkelen, door gehechtheid aan zijn uiterlijke vorm te
ontwikkelen, leg je een relatie met God, het Allerhoogste
Bewustzijn, je eigen innerlijke Zelf. Dit is niet hetzelfde
als het ontwikkelen van gehechtheid aan een gewoon
individu; dit is een relatie die je zal helpen om in alle
omstandigheden onthecht te zijn. Dit bereid je geest erop
voor om de uiteindelijke sprong naar Godsbewustzijn te
wagen."*

– Amma

De geschriften vertellen ons dat alle doelen in het leven in een
van twee categorieën ondergebracht kunnen worden. Deze
categorieën zijn *preyas* (materiële voorspoed) en *sreyas* (spirituele
ontwikkeling) Maar of het nu over preyas of over sreyas gaat, de
wezenlijke factoren die noodzakelijk zijn om het doel te bereiken
zijn dezelfde. Deze worden *iccha-sakti, jnana-sakti* en *kriya-sakti*
genoemd: de kracht om te verlangen, de kracht om te weten en
de kracht om te handelen.

Ons allemaal is de kracht gegeven om wat dan ook in deze
wereld te verlangen. Dit is op zichzelf een voorrecht dat uniek is
voor mensen. Een dier kan alleen verlangen naar de dingen die
zijn basisbehoeften bevredigen. Een aap kan er niet naar verlangen om een computer te bezitten en ermee te werken. Als je een
computer aan een aap geeft, zal hij hem breken of weggooien.

Mensen kunnen daarentegen alles in deze wereld en ook wat daar voorbij ligt verlangen.

Als we eenmaal een verlangen hebben, moeten we de middelen weten om dat verlangen te vervullen. God heeft ons het vermogen tot denken gegeven en de intellectuele capaciteiten om te middelen te vinden om onze verlangens te vervullen.

Het is echter niet voldoende om alleen de middelen om een verlangen te vervullen te kennen. We moeten de bijbehorende inspanning leveren. God heeft ons hiervoor het vermogen tot handelen gegeven. Zonder dit vermogen zouden we geen spier kunnen bewegen. We krijgen deze drie mogelijkheden om onze doelen in het leven te bereiken, of ze nu tot de categorie van preyas of sreyas behoren.

We willen allemaal een bepaalde mate van materiële voorspoed verwerven. Naar school gaan helpt ons om onze materiële doelen in het leven te bepalen en om de vaardigheden te verwerven die nodig zijn om ze te bereiken. Het moderne onderwijs is echter geheel afgestemd op het bereiken van doelen die tot de categorie van preyas behoren. Maar zelfs als we tot doctor promoveren, kunnen we niet zeggen dat we ware kennis verworven hebben. Ware kennis wordt door de geschriften gedefinieerd als het verwijderen van de onware ideeën die we hebben over onze ware natuur en over de aard van de wereld om ons heen. Alleen ware kennis kan ons helpen om sreyas, oftewel spirituele groei, te verwerven.

Op een keer zag iemand iets op het trottoir liggen waarvan hij dacht dat het een stukje glinsterend goud was. Na het opgeraapt te hebben zag hij dat het slechts een snoeppapiertje was. Toen hij gezien had wat het was, gooide hij het zonder er verder nog bij na te denken weg. Als we kennis verworven hebben van wat waar en onwaar is, verwerpen we op dezelfde manier onmiddellijk het onware en houden we vast aan het ware.

Omdat we de allerhoogste kennis nog niet verworven hebben, moeten we vasthouden aan iemand zoals Amma, die gevestigd is in deze kennis. Deze verbinding zal ons helpen om onze verkeerde ideeën over onze ware natuur te verwijderen. Amma zegt dat we als we naar een onbekende plaats gaan, misschien een kaart hebben van hoe we daar het beste kunnen komen, maar dat de beste manier is om ons ook te laten leiden door een inwoner van die plaats.

Een voorbeeld is Edmund Hillary. Hij maakte een alomvattende studie van de omstandigheden op de Mount Everest voordat hij een poging deed om hem te beklimmen. En toch moest hij hulp vragen van een daar wonende sherpa om zijn poging tot een succes te maken. Of denk eens aan het geval van een zeer bekwaam oogchirurg die een oogoperatie moet ondergaan. Hij zal de operatie niet op zichzelf uit kunnen voeren; hij moet zich overgeven aan de zorg van een andere arts. Op dezelfde manier kunnen we de geschriften wel uitputtend bestuderen, maar dat is op zichzelf niet genoeg om ons Ware Zelf te realiseren. Een absolute zuiverheid van geest is vereist. Anders zullen we nooit in staat zijn om onze eigen zwakheden en negatieve eigenschappen in hun totaliteit te zien. Hiervoor hebben we de hulp nodig van een ware meester, die functioneert als een spiegel waarin we duidelijk onze tekortkomingen kunnen zien. Daardoor kunnen we ze verwijderen.

Dus wat betekent het om ons vast te houden aan de meester? Het betekent niet dat we zijn fysieke lichaam vastgrijpen en weigeren los te laten. Het betekent dat we ons in het dagelijkse leven de meester steeds herinneren. De makkelijkste manier om dit te doen is het ontwikkelen van een relatie met de meester. Door onze persoonlijke relatie met Amma zal het gemakkelijk zijn om aan haar te denken, net zoals we aan onze verwanten en beminden denken, zelfs als ze ver weg wonen.

Wanneer we ver weg van Amma zijn, kan ieder van haar toegewijden ons helpen om ons dichter bij haar te voelen. Een Westerling, die een tijd in Amritapuri geweest was en terug moest naar zijn geboorteland om wat familiezaken te regelen, vertelde me over een andere Westerse toegewijde die in de ashram verbleef. Hij had hem nooit bijzonder gemogen en hem in de ashram zelfs bewust vermeden. Maar nadat hij enkele maanden uit de ashram weg was, kwam hij deze persoon toevallig tegen. Hij was dolblij om hem te zien. Hij nodigde hem zelfs uit om bij hem thuis te komen eten en behandelde hem als een lang geleden verloren broer. Het ontmoeten van deze persoon herinnerde hem aan Amma en gaf hem het gevoel dat ze niet zo ver weg was.

Alles wat Amma doet is er alleen op gericht om ons te helpen een nauwe band met haar te ontwikkelen en daarbij gehecht te raken aan de Allerhoogste Waarheid ofwel God. Zoals Heer Krishna zegt in de *Bhagavad Gita* (3.22):

na me pārthāsti kartavyaṁ triṣu lokeṣu kiṁcana
nānavāptam avāptavyaṁ varta eva ca karmaṇi

Er is in de drie werelden niets, o Partha, dat niet door
Mij gedaan is;
Noch is er iets niet bereikt, dat bereikt zou kunnen
worden; toch onderneem Ik nog activiteit.

Op dezelfde manier heeft Amma er persoonlijk niets bij te winnen als ze tijd met ons doorbrengt of wat dan ook doet. Onlangs vroeg een journalist aan Amma: "Wat in uw positie geeft u de meeste voldoening en tevredenheid?" Ze antwoordde: "Tevredenheid? Ik ben altijd tevreden. Als je niet volledig bent, probeer je van anderen te nemen om volledig te worden. Zo is het niet met mij. Er is altijd overvloed."

Sommige mensen denken dat het geen zin heeft om onze pro-blemen en zorgen met Amma te delen, omdat ze geïdentificeerd is met het Allerhoogste Zijn en dus alles weet en voorbij alles is. Dit is als een leerling van de middelbare school die zegt: "Het heeft geen zin om mijn vader om hulp te vragen bij mijn huiswerk, omdat hij deze stof al helemaal bestudeerd heeft." Als het kind zo denkt, mist hij de kans om zich door zijn vader te laten helpen.

Hoewel de goeroe voorbij naam en vorm is, is het voor onze spirituele ontwikkeling beter om als persoon een relatie met de goeroe aan te gaan en dan in gedachten te houden dat de ware natuur van de goeroe voorbij alles is. Als we daarentegen met Amma een relatie aan proberen te gaan op het niveau van het absolute, zullen wanbegrip en verwarring het resultaat zijn. Wij zijn immers nog steeds op het objectieve niveau van lichaamsbewustzijn.

Tijdens een van Amma's programma's in India zag een brahmachari een man heftig snikken toen de darshan net begon. Hij ging naar de man toe en vroeg hem wat er mis was.

De man antwoordde: "Ik heb het gevoel dat mijn hart zich vergroot." De brahmachari realiseerde zich dat dit een serieuze situatie was. Daarom liet hij de man niet in de rij op de darshan wachten. Hij doorbrak de rij en bracht hem rechtstreeks naar Amma. De brahmachari zei: "Amma, deze man heeft een serieus probleem. Zijn hart is groter geworden."

Amma keek de man geamuseerd aan en vroeg: "Is het waar, mijn zoon?"

De man glimlachte door zijn tranen heen en legde uit: "Nee, nee, het is niet mijn fysieke hart, maar mijn spirituele hart dat groeit door uw liefde, Amma."

In dit geval communiceerden de man en de brahmachari op twee verschillende niveaus en begrepen elkaar daardoor verkeerd. Op dezelfde manier zullen we ook nooit succes hebben als we met Amma op haar niveau proberen te communiceren. In feite is er op dat niveau nooit communicatie nodig. Er is alleen eenheid.

Hoewel de meester voorbij het objectieve niveau van realiteit is, is zijn aanwezigheid hier buitengewoon waardevol voor degenen die in deze objectieve realiteit leven. Daarom hechtten zelfs de leerlingen van de grote wijze Adi Shankaracharya, die de suprematie van de Advaita Vedanta (nondualiteit) in geheel India herstelde, veel belang aan de gezondheid en de veiligheid van het fysieke lichaam van hun meester.

Een *kapalika* (iemand die zich bezighoudt met occulte praktijken) kende de meedogende aard van Shankaracharya en smeekte hem om in een bepaald ritueel zijn hoofd als offer te geven. Omdat Shankaracharya wist dat zijn Ware Zelf door het verlies van het fysieke lichaam niet beïnvloed zou worden, stemde hij bereidwillig toe, maar hij waarschuwde dat zijn hoofd buiten medeweten van zijn leerlingen genomen moest worden.

Toen de leerlingen allemaal vertrokken waren om hun bad in de rivier te nemen, trof de kapalika Shankaracharya aan terwijl hij in diepe meditatie was. Hij trok zijn zwaard om de wijze te onthoofden, maar op dat moment kwam een van Shankaracharya's leerlingen, Padmapada, uit het niets tevoorschijn. Hij overmeesterde en doodde de kapalika. Toen hij aan het baden was, voelde hij intuïtief dat zijn meester in gevaar was en besloot hij om terug te keren. Omdat Padmapada een toegewijde van Heer Narasimha (incarnatie van Heer Vishnu in de gedaante van een manleeuw) was, was hij in staat om Narasimha's kracht op te roepen.

Voor Shankaracharya, die volledig aan het lichaam voorbij was, zou het geen verschil gemaakt hebben als de kapalika hem gedood had. Maar Padmapada dacht niet: "Oh, mijn goeroe is één met het onverwoestbare Allerhoogste Zijn, voorbij lichaam en geest en daarom is het zinloos om zijn lichaam te beschermen." In plaats daarvan deed hij uit toewijding, alles wat hij kon om het lichaam van zijn meester tegen onheil te beschermen en kreeg hij als resultaat de genade van zijn goeroe.

Op zekere dag bracht de wijze Narada een bezoek aan Heer Krishna. Toen Krishna hem zag, klaagde hij over een vreselijke hoofdpijn en vertelde hij aan Narada dat enkel het stof van de voeten van een ware toegewijde hem kon genezen. Hij verzocht Narada om een oprecht toegewijde te zoeken en het stof van zijn voeten te verzamelen. Hoewel Narada zelf een groot toegewijde was, dacht hij dat hij een grote zonde zou begaan als hij het stof van zijn voeten zou aanbrengen op het hoofd van de Heer. Dus ging hij op zoek naar een bereidwillige toegewijde, maar wie hij ook benaderde, niemand was bereid om het stof van zijn voeten te geven uit vrees voor een verschrikkelijke heiligschennis. Tenslotte keerde Narada naar Krishna terug en bekende zijn falen.

Krishna zei hem dat hij het aan de *gopi's* (koeienmeisjes) van Vrindavan moest gaan vragen. Narada was vol twijfel, maar vertrok toch naar Vrindavan. Zodra Narada de hoofdpijn van de Heer en het daarvoor benodigde geneesmiddel noemde, vergaten de gopi's al het andere en begonnen ze het zand van hun blote voetzolen te borstelen en in een zak te doen. Zij hadden er geen moeite mee om het stof van hun voeten aan de Heer te geven. Hij had pijn en het enige waaraan ze konden denken was hoe ze hem konden helpen. Zij vonden het niet erg om, omwille van hun Heer, zelfs de ergste zonde te begaan. Maar als ze in plaats daarvan gedacht hadden: "Krishna is God; hoe kan God nu hoofdpijn hebben?" dan zou er geen manier geweest zijn om hun liefde en toewijding tot uitdrukking te brengen. Hoewel men kan zeggen dat de gopi's een enigszins beperkt perspectief op de ware aard van Krishna hadden, gingen ze door hun onzelfzuchtige toewijding en liefde die uit dit perspectief voortkwamen, in korte tijd in de Heer op. Als ze in plaats daarvan God gezien hadden als het onpersoonlijke Absolute, hadden ze nooit zoveel van hun liefde en aandacht op God kunnen richten. Dan zouden ze wellicht meer levens nodig gehad hebben om het doel van het menselijke leven te bereiken.

Zo zal het ook moeilijk zijn om een sterke band met de meester te ontwikkelen als we op het menselijke niveau geen relatie met de meester aangaan maar alleen op het niveau van het absolute een relatie met de meester hebben. Er zijn bijvoorbeeld mensen die vinden dat Amma alles weet en dat het dus geen zin heeft om haar brieven te schrijven of om hun hart te luchten. Er was een brahmachari die een bepaald incident dat in zijn leven had plaatsgevonden voordat hij naar de ashram was gekomen, geheim had gehouden zonder het ook maar aan iemand, zelfs niet aan Amma, te vertellen. Soms hield hij de gebeurtenis in gedachten als hij naar Amma ging, omdat hij dacht dat zij dit zeker zou opmerken. Maar hij deelde het incident nooit verbaal met haar. De gebeurtenis bleef hem echter achtervolgen en tenslotte besloot hij om zijn hart per brief bij Amma te luchten. Nadat ze de brief gelezen had, ging hij voor Amma's darshan en vroeg haar of ze nu boos op hem was.

Amma glimlachte lief en zei: "Natuurlijk niet. Wat er in het verleden ook gebeurd is, is een geperforeerde cheque. Een leven beginnen met Amma is als het beginnen met een schone lei, ofwel als het uitwissen van al je fouten. Wees alleen zo zorgvuldig om dezelfde fouten niet te herhalen; anders zal het zijn alsof je steeds opnieuw iets uitgumt op hetzelfde plekje op een vel papier. Uiteindelijk zal het papier scheuren.

De brahmachari was zeer opgelucht door Amma's antwoord. Toen hij opstond om weg te gaan, zei Amma: "Hoe dan ook, ik wist al van dit incident, maar doordat je het openlijk aan Amma verteld hebt, is Amma in staat om dichter bij je te komen. Je hebt een muur tussen jezelf en Amma weggehaald."

Amma zegt dat de leerling voor zijn meester als een open boek moet zijn; hij moet niets verbergen. Dit is niet omdat de meester niets over ons weet. Maar wanneer wij ons hart voor de meester openen, helpt het ons om te voelen dat de meester helemaal van ons is. Zolang we op het niveau van de dualiteit blijven, is het erg belangrijk om een nauwe band met de meester te onderhouden. Amma zegt: "Gebruik mij als een ladder voor je spirituele groei." Amma is in de eerste plaats alleen hiervoor naar ons niveau afgedaald, om ons bewustzijn te verheffen tot op het niveau van het Absolute.

Hoewel Amma de inherente eenheid in de gehele schepping ziet, gaat ze met haar kinderen nog steeds een relatie aan als met individuen, want welbeschouwd is dat hoe wij onszelf zien. Veel mensen zien Amma als een levenslange vriendin en vertrouweling. Ze lacht als wij lachen, ze huilt als wij huilen, ze mist ons als we weg zijn.

De dag voordat Amma's Amerikaanse tournee in 2007 begon, ging Amma naar het huis van een toegewijde die net ten noorden van Seattle woonde. Een aantal toegewijden hadden zich daar verzameld om Amma in de Verenigde Staten te verwelkomen op haar 21ste zomertournee. Amma baande zich snel een weg naar het midden van de menigte terwijl ze aan de toegewijden vroeg hoe ze het maakten en wat de nieuwste ontwikkelingen in hun leven waren.

Enkele weken voor haar aankomst was een Amerikaanse toegewijde overleden. Deze had Amma zeer na gestaan sinds hij haar in 1987 ontmoet had. Het gemis van zijn aanwezigheid bij de bijeenkomst werd door iedereen gevoeld. Toen ze voor alle aanwezigen op een stoel was gaan zitten, vroeg Amma iedereen om een moment stilte in acht te nemen en te bidden voor de vrede van deze ziel. Ze vroeg iedereen ook om te denken aan alle toegewijden die daar, om welke reden dan ook, niet konden zijn.

Er was een maaltijd bereid en weldra begon Amma als prasad borden met voedsel aan iedereen uit te delen. Terwijl ze dit deed, gleed haar blik over de menigte, waarbij ze voortdurend de gezichten van haar kinderen in zich opnam. Velen van hen had ze het grootste deel van het jaar niet gezien. Een meisje dat naast Amma stond merkte op dat Amma aan haar rechterhand een ring van jade droeg. Omdat het niet Amma's gewoonte was om zulke juwelen te dragen, vroeg het meisje waarom ze deze ring droeg. Amma zei dat een toegewijde haar deze ring had gegeven bij het laatste programma in Japan. Vanwege de diepe liefde waarmee ze de ring gegeven had, voelde Amma de neiging om hem om te doen en hem een tijdje te dragen. Amma zei vervolgens dat het gezicht van het meisje dat haar de ring gegeven had, haar herinnerde aan de vrouw van de toegewijde die onlangs overleden was.

Amma legde uit dat het voor haar vaak zo is. Waarheen ze ook gaat, de gezichten van de mensen aan wie ze darshan geeft herinneren haar aan de gezichten van andere toegewijden, die vaak aan de andere kant van de wereld wonen. Ook met stemmen is dat zo, vertelde Amma; de manier waarop een bepaalde persoon spreekt doet haar vaak denken aan iemand anders in een land dat ver weg is. Op deze manier, zei Amma, denkt ze altijd aan haar kinderen over de hele wereld, zelfs als ze niet in staat zijn om fysiek bij haar te zijn.

Hoofdstuk 15

De waarnemer en het waargenomene

"We zullen niet stoppen met onderzoeken; ons onderzoek zal pas afgelopen zijn als we aankomen waar we begonnen zijn en deze plek voor de allereerste keer kennen"

– T.S. Eliot

Er was eens een generaal die besloot om aan te vallen, hoewel zijn leger veel kleiner was. Hij had vertrouwen in de overwinning, maar zijn mannen waren vol twijfel.

Op weg naar het slagveld nam de generaal een munt en zei: "Ik zal nu deze munt werpen. Als het kop is, zullen we winnen. Als het munt is, zullen we verliezen. Het lot zal zich nu bekend maken."

Hij wierp de munt omhoog en iedereen keek aandachtig toe hoe hij landde. Het was kop. De soldaten waren zo overgelukkig en vol vertrouwen dat ze de vijand voortvarend aanvielen en overwonnen.

Na de strijd merkte een luitenant tegen de generaal op: "Niemand kan het lot veranderen."

"Precies," antwoordde de generaal terwijl hij de munt aan de luitenant liet zien. De munt had aan twee zijden een kop.

De truc van de generaal had noch wapens noch mannen aan zijn leger toegevoegd. Hij had zijn mannen enkel het vertrouwen gegeven dat ze nodig hadden om te volharden. Hij veranderde de manier waarop ze zichzelf en hun kansen zagen; ze wonnen de strijd omdat ze geloofden dat ze daartoe in staat waren.

Amma zegt: "We zien in de wereld wat we erin projecteren. Als we met ogen vol haat en wrok kijken, dan zal de wereld er precies op die manier voor ons uitzien. Maar als we met ogen vol liefde en mededogen kijken, dan zien we overal niets anders dan Gods schoonheid."

Er is een Japans volksverhaal dat dit punt illustreert. Lang geleden was er in een klein afgelegen dorp een huis dat bekend stond als het huis met de duizend spiegels. Een gelukkig klein hondje hoorde hierover en besloot om het huis een bezoek te brengen. Toen hij aankwam, sprong hij blij de trappen op naar de ingang van het huis. Hij keek met rechtopstaande oortjes door de deuropening naar binnen en kwispelde zo snel als hij kon met zijn staart. Tot zijn grote verrassing keek hij naar duizend andere blije hondjes die net zo snel met hun staart kwispelden als hij. Hij glimlachte breeduit en kreeg duizend even warme en vriendelijke glimlachen terug. Toen hij het huis verliet, dacht hij bij zichzelf: "Dit is een fantastische plaats. Ik zal terugkomen en hier vaker op bezoek komen.

Een andere hondje uit hetzelfde dorp, dat niet zo gelukkig was als het eerste, besloot eveneens om het huis te bezoeken. Traag beklom hij de trappen en keek met hangend hoofd door de deuropening naar binnen. Toen hij zag dat duizend hondjes met een onvriendelijke blik naar hem keken, gromde hij naar hen en schrok toen hij zag dat duizend hondjes teruggromden. Toen hij wegging, dacht hij bij zichzelf: "Wat een verschrikkelijke plaats. Ik kom hier nooit meer terug."

Amma vertelt over een experiment om vast te stellen of de wereld al dan niet werkelijk is zoals we hem waarnemen. De onderzoekers gaven een jongeman een bril die zijn gezichtsvermogen vervormde. Ze instrueerden hem om de bril zeven dagen onafgebroken te dragen. Tijdens de eerste drie dagen was hij erg rusteloos omdat zijn waarneming erg verstoord was. Maar daarna pasten zijn ogen zich helemaal aan de bril aan en verdwenen de pijn en het ongemak volledig. Wat de wereld eerst vreemd en verwrongen deed lijken, scheen hem na enige tijd normaal toe. Amma zegt: "Op dezelfde manier draagt ieder van ons een ander type bril. We bekijken de wereld door deze brillen."

Op zekere dag nam een rijke man zijn zoon mee voor een tochtje naar het platteland. Hij was vastbesloten om zijn zoon te laten zien hoe arm mensen kunnen zijn.

Ze verbleven een dag en een nacht op de boerderij van een zeer arm gezin. Toen ze terugkeerden van hun uitstapje, vroeg de vader aan zijn zoon: "Hoe vond je ons uitstapje?"

"Heel goed, vader," antwoordde zijn zoon enthousiast.

Zijn vader vroeg vol verwachting: "En wat heb je geleerd?"

De zoon antwoordde: "Ik zag dat zij vier honden hebben, terwijl wij er thuis één hebben. Wij hebben een zwembad dat zich uitstrekt tot het midden van de tuin; zij hebben een kreek die geen einde heeft. Wij hebben lampen in de tuin, zij hebben de sterren. Onze patio gaat tot de voortuin, zij hebben een hele horizon."

De vader van de jongen was sprakeloos, maar de jongen was nog niet uitgesproken. Hij concludeerde dankbaar: "Dank u vader, dat u mij hebt laten zien hoe arm we zijn."

Hoewel de jongen en zijn vader dezelfde genen deelden en in hetzelfde huis woonden, samen een uitstapje maakten en allemaal dezelfde dingen zagen, kwamen ze tot totaal verschillende conclusies.

Er zijn natuurlijk enkele dingen in de objectieve realiteit waarover we het allemaal eens kunnen zijn. Als het pijpenstelen regent, zal niemand beweren dat het een zonnige dag is. Maar moderne natuurkundigen hebben ontdekt dat het voor mensen niet mogelijk is om een werkelijk objectieve kijk te hebben, zelfs niet als we dezelfde mentaliteit konden hebben en dezelfde mening konden delen over de dingen waar we naar kijken. Het is bijvoorbeeld volgens het onzekerheidsprincipe van Heisenberg niet mogelijk om tegelijkertijd te weten waar een subatomair deeltje is en in welke richting het beweegt. Als we de positie van een bepaald subatomair deeltje willen waarnemen, dan moeten we het laten botsen met een ander deeltje, in de meeste gevallen een foton (lichtdeeltje). Maar de botsing van het foton met het te observeren deeltje verstoort de baan van het waargenomen deeltje, net zoals een biljartbal die tegen een andere botst, van richting zal veranderen. Aldus verandert de waarnemer, alleen al door de waarneming, de waargenomen realiteit.

Laten we de kwantummechanica terzijde liggen. Ons vermogen om een accuraat beeld van de wereld te vormen is uiterst beperkt. Mensen hebben bijvoorbeeld altijd aangenomen dat ons vermogen om de wereld om ons heen in kaart te brengen slechts begrensd wordt door ons geduld en onze vindingrijkheid. Maar door verbeterde technieken weten we nu dat het universum veel uitgestrekter is dan we ooit zullen kunnen peilen. We beginnen de beperkte mogelijkheden van onze middelen tot waarneming te begrijpen. Maar niet alleen de beperkingen van onze zintuigen en onze technieken verhinderen dat onze waarneming accuraat is. Onze vooraf gevormde ideeën en concepten zijn minstens net zo belemmerend. In feite zijn we allemaal op de een of andere manier psychologisch gehandicapt. Op een bepaalde manier verminkt dit zelfs meer dan een fysieke handicap. Bij een fysiek gebrek zijn we ons duidelijk van onze beperkingen bewust. Als we de overtuiging hebben dat onze geest en manier van denken perfect zijn en we ons niet bewust zijn van onze psychische handicap, hebben we geen besef van onze beperkingen. Als we ons in moeilijke omstandigheden bevinden die we zelf gecreëerd hebben, vragen we ons af hoe dit kon gebeuren.

Op een keer namen 700 studenten deel aan een eindexamen voor een universitaire studie. De professor was strikt met de tijdslimiet van het examen. Hij zei tegen de studenten dat examenformulieren die niet binnen twee uur op zijn bureau lagen, niet geaccepteerd zouden worden en dat de student zou zakken.

Toen het examen een half uur bezig was, kwam er een student binnenslenteren. Hij vroeg de professor kalm om de examenformulieren. Terwijl hij de student de formulieren overhandigde, sprak de professor sarcastisch: "Je zult niet genoeg tijd hebben om dit af te maken."

"Jawel hoor," zei de student vol zelfvertrouwen. Hij ging zitten en schreef zorgvuldig nadenkend zijn antwoorden op.

Na twee uur vroeg de professor om de examenpapieren. De studenten gingen gehoorzaam in een rij staan en leverden ze in; allemaal behalve de student die te laat kwam. Deze ging door met schrijven. Dertig minuten later ging de te laat gekomen student naar de professor en probeerde zijn examen bovenop de stapel examenformulieren die al op het bureau lag, te leggen. "Niet zo snel," weerhield de professor hem. "Ik accepteer dit niet. Het is te laat."

De student nam een verontwaardigde houding aan en zei: "Weet u niet wie ik ben?"

De professor gaf opgewekt toe: "Nee, dat weet ik niet. En om eerlijk te zijn, het kan me niet schelen."

"Goed," antwoordde de student. Terwijl hij de stapel ingevulde examens optilde, schoof hij snel de zijne in het midden van de stapel en liep de kamer uit.

De professor realiseerde zich te laat dat hij niet genoeg informatie had over de student die tegenover hem stond. Omdat hij geen precies beeld van de wereld om zich heen had, kon hij niet op adequate wijze reageren.

Op dezelfde manier accepteren de meesten van ons de wereld waarin we leven zoals hij er op het eerste gezicht uitziet. We zijn uit op het verwerven van succes en voorspoed en we stoppen nooit even om te overwegen of het allemaal wel de moeite waard is en of er geen diepere betekenis in het leven is.

Er zijn natuurlijk uitzonderingen op de regel. Er is het beroemde geval van de hoofdpersoon in de roman *De Walging* van de existentialistische filosoof Jean-Paul Sartre. Deze hoofdpersoon wordt overweldigd door schrik en afgrijzen als hij bedenkt hoe vaak hij de rest van zijn leven zijn broek nog aan moet trekken. Dezelfde figuur wordt eveneens door walging en afkeer overvallen bij de meest alledaagse feiten van zijn bestaan en de dingen in de wereld om hem heen. Op een bepaald moment zegt hij tegen een vriend: "Hier zitten we dan, wij allemaal, te eten en te drinken om ons kostbare bestaan in stand te houden. En er is werkelijk niets, niets, absoluut geen enkele reden om te bestaan." De existentialisten zagen correct dat we gevangen zijn in een wereld van vormen. We jagen vormen na, we slikken vormen in en we becommentariëren het gedrag en de eigenschapen van andere vormen, totdat onze eigen vorm afbrokkelt en overlijdt.

Ze dachten dat ze met dit inzicht konden zien wat alle andere mensen misten. Maar ook zij misten iets: er is een goddelijke, transcendente realiteit, die met oprechte inspanning en Gods genade onze persoonlijke ervaring kan worden. Zoals iemand die de leden van een groep telt en vergeet om zichzelf mee te tellen, kijkt de existentialist niet verder dan de geest om het Atman te ontdekken. Zoals voor de meeste mensen was het voor deze filosofen alsof de geest het uiteindelijke subject was. Het leven op aarde bestond uit zintuiglijke stimuli die via de zintuigen door de geest ervaren werden.

Het is waar dat de geest met betrekking tot de externe wereld als een subject functioneert. Maar in de diepste zin is is volgens de Advaita Vedanta de geest ook een object omdat we ons bewust zijn van de toestand van onze geest, bedroefd, gelukkig, verward, helder enzovoort, en omdat alles waarvan we ons bewust zijn een object is. De Vedanta zegt dat de geest door het Atman wordt verlicht, maar de zintuigen en de wereld worden door de geest verlicht. Dit gaat op dezelfde manier als het licht van de zon dat in een spiegel gereflecteerd wordt om een ander object te verlichten.[11]

De existentialisten zagen de beperkingen van de externe wereld, maar ze zagen niets wat daar voorbij ligt. Daarom werden ze overvallen door wanhoop, verdriet en zelfs door walging. Hun manier was een negatieve ontkenning van de wereld.

De rishi's uit de oudheid zeiden ook: "neti, neti"(niet dit, niet dat). Ook zij ontkenden de wereld als mithya (altijd veranderend en daarom in de fundamentele betekenis van het woord een illusie). Maar hun ontkenning was een positieve. Zij verklaarden dat alles wat verandert, pijn en verdriet veroorzaakt. Er is echter iets wat nooit verandert. Dat is het Atman ofwel het getuigebewustzijn. Alleen door ons daarmee te identificeren, kunnen we echt gelukkig en vreedzaam zijn, zonder beïnvloed te worden door de grillen van het bestaan.

In de *Brihadaranyaka Upanishad* vertelt Yajnavalkya aan Ushasta: "De innerlijke essentie van het hele universum is eveneens jouw essentie." We hoeven nergens heen te gaan om onze innerlijke essentie te ontdekken. Als een golf aan het oppervlak van de Arabische Zee zijn ware essentie wil weten hoeft hij niet naar de Atlantische Oceaan te reizen. Het is voldoende om onder

---

[11] Shankaracharya legt dit in zijn *Drg Drsya Viveka* als volgt uit: "De vorm wordt waargenomen en het oog is de waarnemer. Het oog wordt waargenomen en de geest is de waarnemer. De geest met zijn veranderingen wordt waargenomen en de getuige is de werkelijke waarnemer, want de getuige wordt door niets anders waargenomen."

het oppervlak te kijken. Daar zal de golf ontdekken dat hij in essentie water is.

Twee mensen stonden op de tegenover elkaar liggende oevers van een snel stromende rivier. De een riep naar de ander: "Hoe kan ik aan de overkant komen?" De persoon aan de overkant antwoordde: "Wat bedoel je? Je bent al aan de overkant!"

Zo is Zelfrealisatie geen reis die ondernomen moet worden; we hoeven ons alleen maar te realiseren dat we reeds datgene zijn waarnaar we zochten. De existentialisten zagen een deel van de werkelijkheid; de kwantumfysici zien een ander deel. Kwantumtheoretici hebben gesteld dat er een uitgestrekte oceaan van onzichtbare energie is, waarop de zichtbare wereld slechts een rimpeling is. Deze oceaan is de ondergrond van de fysieke realiteit. De fysieke realiteit komt hieruit voort. Deze wetenschappers postuleerden dat deze oceaan energetisch enorm dicht is, zo dicht dat we erdoor vermorzeld zouden moeten worden. Maar er is geen wrijvingsweerstand en daarom registreren noch wij noch onze instrumenten die oceaan. We bewegen erin als een vis in het water en danken er ons bestaan aan.

Dit is misschien wel de meest accurate beschrijving van Brahman die door de moderne wetenschap ooit is voorgesteld. Maar ook de wetenschappers zien maar een deel van het plaatje. Ze vermoeden het bestaan van Brahman, maar het is nog nooit bij hen opgekomen dat dit hun eigen Ware Zelf is. Alleen de rishi's kwamen tot een holistisch gezichtspunt. Zij zagen de begrenzingen van de externe wereld, de absolute realiteit van Brahman en de aard van ons Ware Zelf als één en hetzelfde Brahman.

Wetenschappelijk georiënteerde mensen zijn er altijd trots op dat ze realistisch zijn. Maar in feite zijn gerealiseerde meesters zoals Amma, die de wereld kunnen zien zoals hij is, de enige werkelijk realistische mensen. Zoals in de *Mundaka Upanishad* gezegd wordt: "Iemand die Brahman (het alwetende, alomtegenwoordige, alleswetende Zuivere Bewustzijn) kent, wordt Brahman."

Dit is het verschil tussen academische kennis en spirituele kennis. Als we alles wat er over kikkers te leren is, geleerd hebben, worden we, sprookjes daargelaten, nog geen kikker. Maar als we de aard van Brahman werkelijk begrepen hebben, "worden" we Brahman. Zoals Amma zegt over de gerealiseerde persoon: "In plaats van te praten over suiker of een beetje suiker te proeven, wordt hij of zij suiker, de zoetheid zelf." De scheiding tussen de waarnemer en het waargenomene lost volledig op; ze worden één en dezelfde.

Daarom zijn we alleen in staat zijn om werkelijk helder te zien als we onze ware natuur als het bewustzijn dat de gehele schepping doordringt, realiseren. Tot dan is het alsof we door een besmeurd en beslagen raam kijken.

Zoals onze visie op de realiteit noodzakelijkerwijs beperkt wordt door de instrumenten waarmee we waarnemen en gekleurd wordt door onze eigen denkwijze, zo hebben we eveneens een beperkte visie op de aard van de woorden en handelingen van een ware meester. Ook hier verhinderen de beperkingen van de waarnemer de correcte waarneming van het waargenomene. Naarmate we deze beperkingen beter kunnen overwinnen door het zuiveren van onze geest door contemplatie en spirituele oefeningen, zullen we de echte bedoelingen van de goeroe duidelijker waar kunnen nemen.

Amma's stijl van onderricht, van het overdragen van kennis, is erg subtiel. Er zijn geen uitgebreide verklaringen, geen uiterlijk vertoon of pretenties. Het is allemaal erg natuurlijk, spontaan en nederig. Oppervlakkig bekeken lijken sommige handelingen van Amma misschien onbeduidend. Daarom hechten we er te weinig waarde aan en nemen we ze als vanzelfsprekend aan. Maar in feite is er onderricht in ieder moment, in ieder woord en in iedere handeling. We hebben enkel een onderscheidend oog en het juiste bewustzijn nodig om het onderricht op te vangen.

Onlangs heeft Amma bijvoorbeeld gesproken over de toenemende vervuiling en de milieuproblemen in de hele wereld. Een van de mogelijke oplossingen die ze noemde was het recyclen van plastic. Dit is niet biologisch afbreekbaar en blijft duizenden jaren op stortplaatsen aanwezig. Een bewoonster van de ashram nam Amma's suggestie ter harte en begon na te denken over manieren om zacht plastic te recyclen. Dit wordt over het algemeen als onbruikbaar beschouwd en verbrand of naar de vuilnisbelt gebracht. Op een dag kwam plotseling het idee bij haar op dat het misschien mogelijk was om het plastic in iets bruikbaars te verwerken. Na heel wat uitproberen begon ze mooie draagtassen en touwsandalen van oude plastic zakken te maken. Amma's ogen lichtten op als die van een trotse moeder, toen haar enkele van deze producten getoond werden. Ze vertelde aan anderen hoe blij ze was dat haar kinderen zo'n vooruitziende blik en vindingrijkheid toonden. "Amma is erg blij met de pogingen van deze kinderen om rijkdom uit afval te creëren," zei Amma. "Je kunt denken dat het maar een klein gebaar is, maar hierdoor gaat het hart van de mensen open en dat inspireert anderen om te volgen. Dit kan tot betekenisvolle veranderingen in de maatschappij leiden."

Hoewel duizenden mensen Amma's verhaal dat het goed zou zijn om plastic te recyclen, hadden gehoord, drong dit tot de meesten niet echt door. Eén persoon had echter de fijngevoeligheid van geest om dit goed in zich op te nemen en in productieve daden om te zetten.

Met ons beperkte perspectief missen we ook vaak de bedoeling achter Amma's handelingen. Vlak voor de feestdagen van Onam in 2007 wilden vrouwen van de door Amma opgerichte en op zelfhulp gebaseerde coöperaties een programma van festiviteiten in Amritapuri organiseren. Het programma bevatte een wedstrijd voor de beste *pukalam* (traditionele figuren met bloemen), tra- ditionele volksliederen, een stoelendans en touwtrekken. Het programma werd gepland in de grootste van de twee hallen in de ashram, terwijl Amma's darshan, zoals meestal op een door- deweekse dag, in de kleinere hal zou plaatsvinden.

Ongeveer een half uur voordat het programma begon, kon- digde Amma plotseling aan dat ze in de grote hal darshan zou geven. Dit overviel de organisatoren van het Onamprogramma. Ze hadden de zaal al leeg gehaald en ingericht voor de festivitei- ten. Nu Amma's darshan daar plaats zou vinden, hadden ze geen idee wat er zou gebeuren met het Onamprogramma. Sommige deelnemers die het nieuws hoorden, waren teleurgesteld omdat ze dachten dat hun programma zou worden verstoord of zelfs afgelast.

Maar toen Amma verscheen, begon ze onmiddellijk aan- wijzingen te geven hoe ze de stoelen zo neer moesten zetten dat zoveel mogelijk mensen het programma konden zien. Ze nodigde ook alle ashrambewoners, bezoekers en studenten uit om het programma bij te wonen. Later, toen Amma hoorde dat de organisatoren van plan waren om belangrijke gasten uit andere delen van India en uit het buitenland aan te stellen als jury voor de programma-onderdelen, merkte ze op dat het beter zou zijn als de beoordelaars van het programma uit Kerala zouden komen, omdat zij de traditionele kunstvormen en de Onamfestiviteiten ten volle konden waarderen. Al deze feedback en leiding werd gegeven terwijl ze darshan aan het geven was.

De dames die de bloemen schikten, hadden niet kunnen dromen dat Amma zou komen om al hun bloemsierkunst te bekijken. Maar de pukalams waren naast het midden van de zaal gezet zodat Amma ze vanaf haar gunstige positie op het podium duidelijk kon zien. Alle andere onderdelen van het programma werden ook zo geplaatst dat zowel Amma als alle andere mensen alles konden zien. De harten van de deelnemers aan het programma sprongen op van vreugde vanwege deze gelegenheid om voor Amma op te treden.

Nadat de namen van de winnaars van de pukalamcompetitie aangekondigd waren, sprak Amma tot slot door de luidsprekers: "Degenen die geen prijs gewonnen hebben, moeten de moed niet verliezen. Jullie hebben je werk allemaal met toewijding gedaan, ondertussen jullie mantra's herhalend. God heeft alles wat jullie aangeboden hebben, aangenomen."

De deelnemers aan het programma en zelfs sommige organisatoren dachten dat Amma's plotselinge besluit het programma van die dag zou bederven. Ze konden het grotere geheel niet zien. Als Amma darshan in de andere zaal gegeven zou hebben, dan zou hun programma slechts door een paar honderd vrienden en familieleden gezien zijn. In plaats daarvan waren er nu duizenden toeschouwers vanuit de hele wereld en woonde Amma zelf het programma bij. Als Amma niet naar de grote hal was gegaan om darshan te geven, zou het Onamprogramma niets meer geweest zijn dan een formele aangelegenheid. Maar met haar plechtigheid werd het een echt feest. Alle deelnemers aan het programma keerden tevreden naar huis terug.

Enige jaren geleden zong een toegewijden van Amma, die vaak met haar meereist, een devotioneel lied terwijl Amma darshan aan het geven was. Het was de eerste keer dat hij voor Amma gezongen had. Zijn stem was niet zuiver en ook zijn ritme was niet perfect. Toen de darshan 's avonds voorbij was, liep hij samen met Amma terug naar haar kamer. De andere leden van het met de tournee meereizende team, die vertrouwd met hem waren, plaagden hem goedmoedig met zijn ietwat gênante uitvoering. Iedereen wees hem op een andere fout. Plotseling draaide Amma zich om en zei: "Ook al vond niemand van jullie het mooi, God heeft zijn lied geaccepteerd." Toen ze dit hoorden, was iedereen stil.

Hoewel de andere mensen die naar het lied van de toegewijde luisterden, alleen de fouten op het oppervlakkige niveau konden horen, kon Amma de onschuld in het hart van de toegewijde horen. Amma zegt dat het juist deze onschuld is die velen van ons missen. "Als we een regenboog zien, of de golven in de oceaan, voelen we dan nog de onschuldige vreugde van een kind? Een volwassene die een regenboog ervaart als niets anders dan lichtgolven zal de vreugde en verwondering van een kind dat een regenboog ziet of van een kind dat naar de golven van de oceaan kijkt, niet kennen."

Vorig jaar, aan het einde van het driedaagse programma in München, toen de darshan van Devi Bhava beëindigd was, zocht Amma haar weg door de menigte van haar kinderen. Bij de auto wachtte een wolk hartvormige ballonnen op haar, die waren gebruikt om de zaal te versieren. Iedere ballon werd vastgehouden door een man, vrouw of kind, die stonden te wachten om een laatste glimp van hun geliefde moeder op te vangen.

Hoewel Amma lange tijd onafgebroken darshan gegeven had, bleef ze voor de auto staan en was duidelijk opgetogen bij het zien van de hartvormige ballonnen. De ballonnen waren gevuld met helium. Een toegewijde liet Amma zien hoe een ballon die losgelaten werd, niet slechts 3 of 5 meter, maar veel hoger opsteeg, zelfs boven de boomtoppen en de hoogste gebouwen in de stad uit. Toen ze dit verschijnsel zag, werd Amma als een klein kind. Ze klapte in haar handen en riep met speelse verrukking.

Ze nam de met helium gevulde ballonnen over van de toegewijden die om haar heen stonden en liet ze eerst een voor een, en vervolgens in groepjes van twee, drie, vijf en tien de lucht in vliegen. Het was voor diegenen die om haar heen stonden een wonderbaarlijk gezicht om te zien hoe de zwerm ballonnen als vogels omhoog de lucht in zeilde. Het was echter nog veel wonderbaarlijker om Amma's reactie te zien. Ze was met haar hele hart bij dit schouwspel betrokken. Amma zegt: "De kinderlijke onschuld die diep in je aanwezig is, is God." Voor Amma is alles nieuw en kan het wonder van Gods schepping zelfs in kleine dingen gevonden worden.

Amma leek helemaal op te gaan in de aanblik van de helderrode harten tegen de schitterende blauwe lucht. Ze boog haar hoofd achterover en keek ze lange tijd na.

Toen de toegewijden zich verspreidden, bleef een hartvormige ballon die niet genoeg helium bevatte om weg te vliegen, op de grond achter. Op de ballon was in het Duits gedrukt: "*Mögen eure Herzen erblühen*" – Moge jullie hart opengaan. De laatste ballon bleef achter alsof hij een boodschap bij de toegewijden wilde achterlaten: als ons hart met de onschuld van een kind opengaat, dan kunnen we echt opstijgen tot de hoogte van Zelfrealisatie.

Hoofdstuk 16

Hoe Amma de wereld ziet

"Als je vraagt: "Wie is God?", dan ben jij mijn God. De wind, de zee, het brullen van een leeuw, het roepen van de koekoek, alles is God voor mij."

– Amma

Hoewel we misschien veel verhalen over spirituele meesters gelezen hebben, zou de vraag kunnen opkomen, hoe zo'n meester er in het werkelijke leven uitziet. Zullen we een meester herkennen, als we hem ontmoeten? Hoe zullen we hem herkennen en hoe kunnen we het zeker weten?

In de *Bhagavad Gita* (2.54) werd door Arjuna dezelfde vraag aan Heer Krishna gesteld.

sthitaprajñasya kā bhāṣā samādhisthasya keśava
sthitadhīḥ kiṁ prabhāṣeta kiṁ āsīta vrajeta kim

Heer, wat is de beschrijving van iemand
met standvastige wijsheid, die in samadhi is
ondergedompeld? Hoe spreekt iemand die vol wijsheid
is, hoe zit hij en hoe loopt hij?

Ook Arjuna hoopt op een fysieke beschrijving van de ware meester. Maar Heer Krishna maakt duidelijk dat de fysieke verschijningsvorm niet van belang is. Er is geen spirituele moedervlek. We kunnen de meester eerder herkennen aan zijn gedrag. In de volgende verzen verheldert Heer Krishna de belangrijkste

eigenschappen van een jnani, iemand die in het Zelf gevestigd is. De jnani, legt Heer Krishna uit, is buitengewoon onafhankelijk. Hij is tevreden in het Zelf door het Zelf en daarom laat hij alle verlangens en gehechtheden los. Hij is niet wanhopig bij rampspoed omdat hij vrij is van verlangens, vrees en kwaadheid. Tenslotte is hij noch opgetogen als het hem goed gaat, noch bedrukt als het hem slecht gaat. Mensen die Amma kennen weten dat deze beschrijving perfect bij haar past.

Nu we een duidelijk beeld van de ware meester hebben, is het de moeite waard om ons af te vragen waarom de ware meester is zoals hij is. Het is niet omdat hij een voorwerp bezit dat wij niet hebben. Ook vertoeft hij niet in andere sferen dan wij. Niet de manier waarop een meester eruitziet, maar wel de manier waarop een meester naar de wereld kijkt, maakt alle verschil. Ten slotte zegt Heer Krishna (2.69):

yā niśā sarvabhūtānāṁ tasyāṁ jāgarti saṁyamī
yasyāṁ jāgrati bhūtāni sā niśā paśyato muneḥ

Dat wat voor alle wezens nacht is, is dag voor de jnani,
Dat wat voor alle wezens dag is, is nacht voor de jnani.

Dit betekent niet dat de ware meester de hele nacht wakker blijft, hoewel dit in Amma's geval zeker wel zo is. Hier gebruikt Heer Krishna 'nacht' als een analogie voor dualiteit, en 'dag' als een analogie voor non-dualiteit. Dus wat onwerkelijk is voor alle wezens, non-dualiteit, is werkelijk voor de jnani en wat werkelijk is voor alle wezens, de wereld van de dualiteit, is onwerkelijk voor de jnani. Waar wij een wereld van verschillen en verdeeldheid zien, ziet de ware meester alleen maar Brahman, de onzichtbare substantie waaruit alles in de schepping bestaat.

Stel je eens voor: het is extreem warm. Je hebt acht uur aan een stuk door op je kantoor gewerkt zonder een ventilator of airco en het ziet er duidelijk naar uit dat je nog eens acht uur lang niet van je bureau weg kunt. Je hebt dertig uur lang niet geslapen en de laatste keer dat je sliep was het ook maar anderhalf uur. Je hebt ook de hele dag nog niet gegeten. En de laatste keer dat je at was het ook maar enkele lepels. Het is een onderdeel van je "baan" dat iedereen je voortdurend zijn problemen vertelt en van je verwacht dat je ze oplost. En je weet dat het morgen hetzelfde zal zijn, evenals de dag na morgen en de dag daarna, voor de rest van je leven. Maar de glimlach verdwijnt nooit van je gezicht. Je praat met dezelfde liefde en aandacht met iedereen alsof je praat met je eigen kind. Je straalt vrede, liefde, geluk en schoonheid uit.

Dit is een schets van een dag uit het leven van Amma. Als journalisten haar vragen: "Wat is uw geheim? Hoe kunt U dit dag na dag volhouden zonder ooit moe te worden?" antwoordt Amma altijd: "Ik ben niet als een batterij die zijn energie verliest nadat hij enige tijd gebruikt is. Ik ben aangesloten op de eeuwige bron van kracht."

Gewoonlijk gaat het interview als volgt: "Oké, dat kan ik begrijpen, maar waarom zou U dit allemaal *willen* doen? Ik kan dingen bedenken die ik, als ik almachtig zou zijn, liever zou doen dan de hele dag lang naar de problemen van mensen luisteren. Verveelt het u niet?"

Amma legt uit: "Voor een babysitter is de zorg voor kinderen een last, maar voor een moeder wordt het niet saai of vervelend."

De Advaita Vedanta, de hoogste spirituele filosofie van India, leert dat deze wereld in fundamentele zin niet werkelijk is. En vanuit haar hoogtepunt van realisatie zou een mahatma als Amma ervoor kunnen kiezen om er op deze manier naar te kijken, om naar alle gebeurtenissen op de wereld te kijken alsof ze alleen maar luchtspiegelingen zijn. Als het over haarzelf gaat, over haar behoefte aan voedsel, haar behoefte aan rust, de fysieke pijn die Amma ervaart, dan is dit precies zoals Amma het ziet: als niet werkelijk, als louter illusie. Maar als het gaat over de pijn van haar kinderen, over ons lijden, over onze behoeften, dan verwerpt Amma deze filosofie bijna en daalt af naar ons niveau om ons vast te houden, onze tranen te drogen, om ons te geven wat we nodig hebben in termen van liefde en mededogen.

Hoewel Amma in de absolute werkelijkheid geworteld is, wijst ze onze behoeften en oprechte verlangens niet af door te zeggen dat ze allemaal een illusie zijn. Amma zegt: "Als iemand met een vreselijke hoofdpijn bij ons komt, wat voor nut heeft het om te zeggen: 'Je bent niet het lichaam, de geest of het intellect. Je bent voorbij dit alles.'? Hoe zal dit hen helpen? We moeten alles doen wat we kunnen om hun pijn te verlichten of om hen naar een arts te brengen." Zo doet Amma alles wat ze kan om mensen die met problemen bij haar komen, oplossingen te geven. Elk van haar humanitaire projecten was een antwoord op hulpkreten van haar kinderen. En ze is er niet tevreden mee om mensen alleen dat te geven waar ze om vragen. Na de tsunami, bijvoorbeeld, kwamen de dorpelingen uit het kustgebied voor voedsel en onderdak naar Amma. Amma voorzag niet alleen in deze noden, maar ging nog verder door de dorpelingen te helpen om zelfstandig te worden. Ze hadden niet kunnen dromen dat ze na zo'n vreselijke ramp nog financieel onafhankelijk konden worden. Uiteindelijk heeft Amma's hulp de gehele dorpseconomie veranderd. De meesten mensen hebben het nu beter dan voor de ramp.

Tijdens haar tournee door Noord-India in 2004 hield Amma een programma van één nacht in een stad in Noordwest India. Zoals kenmerkend voor haar is, kwam Amma rond zonsondergang aan, ging ze de hele nacht door met darshan geven en eindigde ze kort na zonsopgang. Er waren maar weinig mensen die Amma al eerder ontmoet hadden en daarom kon je ze geen toegewijden noemen. Zelfs de persoon bij wie Amma logeerde, had haar nog niet eerder ontmoet. Ongeveer vijftig vrienden van de gastheer kwamen langs om privé een niet geplande darshan te hebben, voordat Amma naar de plaats van het programma zou gaan. Amma was in een kamer op de tweede verdieping en deze mensen hielden de trap bezet om er zeker van te zijn dat ze niet zou vertrekken zonder hen gezegend te hebben. Met het verstrijken van de tijd werden ze enigszins geagiteerd. Ze vonden het niet prettig om zo lang te wachten. Ze dachten dat Amma zou proberen om er op de een of andere manier tussenuit te glippen zonder hen gezien te hebben. Ze maakten duidelijk wat ze wilden: op de een of andere manier zouden ze Amma's darshan krijgen.

Toen het bericht kwam dat Amma naar buiten zou komen, weigerden ze zelfs om ruimte voor haar te maken zodat ze de trap af kon lopen. Niemand kon het van hen gedaan krijgen om ook maar een stapje opzij te gaan. De swami's waren echt bang dat Amma gewond zou raken als ze door de weerspannige menigte zou lopen.

Toen Amma uit haar kamer kwam, werden de mensen wild. Er heerste totale chaos; iedereen duwde meteen in de richting van Amma. Maar de glimlach verdween geen moment van haar gezicht. Ze keerde zich van niemand af. Ze bewoog zich in hun midden en terwijl ze verder ging, trok ze letterlijk de mensen in haar armen.

Tien minuten later zat ze in de auto en was ze op weg naar de programmahal waar ze de gehele nacht aan duizenden mensen darshan zou geven. Ze was natuurlijk niet gewond geraakt.

Terwijl Amma's auto over de weg reed, noemde iemand de weinig verfijnde wijze waarop de mensen gehandeld hadden. De swami's en de mensen die met Amma meereisden waren echt ontdaan. Ze konden het ego en de lelijkheid die ze gezien hadden, het ongeduld van de mensen en hun aan fysiek geweld grenzende gedrag niet geloven.

Wat was Amma's commentaar? Hoe zag zij dit?

"Liefde." Dit was vanaf de achterbank van de auto Amma's commentaar van één woord op wat ze gezien had. Wij zien een oproer. Amma ziet Liefde en alleen maar Liefde.

Als we naar de manier waarop Amma haar leven leidt kijken, wordt het duidelijk dat ze in iedere situatie en op alle terreinen van het leven meer ziet dan wij.

Later op diezelfde tournee in Jaipur, een stad in de Noord-Indiase staat Rajasthan, bezocht Amma het huis van de gouverneur. De gouverneur was geïnspireerd door Amma's voorbeeld en gaf wekelijks financiële hulp aan de arme en misdeelde mensen van Rajasthan. Hij nodigde Amma in zijn herenhuis uit zodat ze haar liefde kon laten zien aan de mensen die zich daar iedere week verzamelden in de hoop dat ze financiële ondersteuning uit zijn fonds zouden krijgen. Onder de vele mensen die Amma daar darshan gaf was een zevenjarig jongetje dat in brand gevlogen was toen iemand vanwege een twist over eigendommen de hut van zijn ouders in brand had gestoken. Hij had geen ogen meer en geen oren, enkel een gat zo groot als een knoop waar zijn neus gezeten had. Iedereen kreeg bij het zien van dit kind tranen in de ogen. Maar hem omhelzen? Zijn weggesmolten wang kussen alsof het de zachtste bloem was? Dat is iets wat alleen een mahatma als Amma, iemand die alles als zichzelf ziet, kan doen. Alleen als we alles als ons eigen Zelf zien, kunnen we leven in een wereld zonder walging of afkeer.

In de *Purusha Suktam* (1) wordt gezegd:

sahasra śīrṣā puruṣaḥ
sahasra-akṣaḥ sahasrapāt

De Kosmische Mens heeft duizenden hoofden.
Hij heeft duizenden ogen en duizenden benen.

Op een van haar tournees door Noord-India stopte Amma aan de oever van een rivier en ging met al haar kinderen zwemmen.

Terwijl Amma de gezichten van haar kinderen een voor een aan het wassen was, ontstond er plotseling opschudding. Twee brahmacharini's werden meegesleurd door de stroom en sloegen wild in het water. In de hitte van het moment begonnen ze aan elkaar te trekken en elkaar onder water te slepen. Een Westerse toegewijde dook het water in en trok hen met veel moeite weer boven water en de oever op. Amma vroeg iedereen om onmiddellijk uit het water te komen. Maar zelfs nadat iedereen dit gedaan had, bleef Amma met een bezorgde uitdrukking op haar gezicht op de oever staan. Hoewel iedereen haar bleef vertellen dat er niemand meer in het water was achtergebleven, herhaalde Amma met aandrang: "Een van mijn kinderen is nog in het water!" Er dook echter niemand op en nadat er koppen geteld waren, was het duidelijk dat alle aanwezigen uit het water gekomen waren. Tenslotte liep Amma naar een Westerling die al lang een toegewijde was en zei: "Wees erg voorzichtig." Deze vrouw kon niet zwemmen en begon zich vanwege Amma's waarschuwing ongerust te maken. Later die avond schreef ze Amma's woorden in haar dagboek.

Enkele dagen later sprak diezelfde vrouw met haar vader, die op de Caribische eilanden met vakantie was geweest. Hij vertelde haar dat hij tijdens zijn vakantie de dood van dichtbij gezien had. Enkele dagen tevoren was hij in de Caribische Oceaan aan het zwemmen, toen de getijdestroom hem naar open zee had gesleurd. De golf had hem overspoeld en wanhopig had hij naar zijn vriend om hulp geroepen. Maar zijn vriend kon niet bij hem komen. De man realiseerde zich dat zijn dood onvermijdelijk was en riep luid om Amma. Tenslotte gaf hij de worsteling op en gaf zich aan zijn lot over. Tot zijn verbazing droegen de golven hem gewoon terug naar de kust en wierpen ze hem op het strand.

Toen de vrouw het tijdstip van haar vaders redding, die op het nippertje was, vergeleek met het tijdstip van het incident bij de rivier in India, wist de vrouw dat de twee gebeurtenissen zich tegelijkertijd afgespeeld hadden. Ze begreep dat Amma op haar vader doelde toen ze zei: "Een van mijn kinderen is nog in het water."

Een team van het televisienieuws bezocht onlangs Amma's ashram. Ze besloten een interview te houden met een van de ashrambewoners, die tot taak had om hun bezoek te coördineren. Tijdens het interview vertelde hij dat hij, voordat hij Amma ontmoette, vooral bezig was met het vermeerderen van zijn eigen comfort en geluk, maar dat hij nu, geïnspireerd door het voorbeeld van Amma, alleen nog maar de wereld wilde dienen. Toen het nieuwsteam de ashram verlaten had, beweerde de man bij Amma dat hij niet voor de camera had willen staan, maar dat de journalist er bij hem op aangedrongen had om hem te interviewen. Omdat Amma over zijn commentaren voor de camera gehoord had, antwoordde ze: "Als je werkelijk je leven aan de wereld hebt aangeboden, dan is er niets meer over van het ego in je. Het zal geen enkel verschil maken of je voor of achter de camera staat. Amma's vlekkeloze logica maakte de jongeman sprakeloos. Maar Amma was nog niet klaar met hem. Ze voegde er nog aan toe: "Er kijkt, hoe dan ook, altijd een andere camera naar je."

Dit herinnert me aan een gebeurtenis in de eerste dagen van de ashram. Een nieuwe ashrambewoner was Amma over zijn problemen aan het vertellen. "Maak je geen zorgen, mijn zoon, Amma is altijd bij je," troostte ze hem.

"Dat weet ik," grapte de jongeman. "Dat baart me de meeste zorgen!"

Lang geleden ontdekten we dat we niets voor Amma kunnen verbergen. Op een dag gaf een toegewijde een zak koekjes aan Amma. Zonder de zak open te maken riep Amma een ashrambewoner en zei hem: "Zoon, leg deze koekjes apart; we zullen ze vanavond uitdelen." De jongeman nam de zak mee en ging naar zijn hut. Daar opende hij de zak en trof vijf pakjes met koekjes

aan. Hij nam een pakje en verborg het in het dak van zijn hut tussen de kokosbladeren.

Die avond vroeg Amma naar de koekjes om ze als prasad uit te delen. De jongeman bracht de zak mee, maar zonder het pakje dat hij in zijn hut had verborgen. "Zoon, er zijn hier maar vier pakjes; waar is het vijfde?"

De jongeman zei niets, maar stond stokstijf als een hert dat gevangen is in het licht van de koplampen. Tenslotte stond Amma op en liep naar zijn hut. Ze ging rechtstreeks naar de plaats in het dak, waar de koekjes verborgen waren en haalde het ontbrekende pakje tevoorschijn. Vervolgens vertelde ze het hele verhaal tijdens de maaltijd, waarbij ze verklaarde dat ze de zak koekjes aan de jongeman gegeven had om zijn onzelfzuchtigheid te testen. En hoewel hij voor de test gezakt was, leerde hij de les. Vanaf die dag nam de jongeman nooit meer iets wat niet van hem was.

Enkele jaren geleden waren een toegewijde en haar tienerdochter op weg om een bezoek te brengen aan Amma's ashram in India. Ze waren in de lucht, halverwege Singapore en Trivandrum. In Trivandrum zouden ze een taxi nemen voor de drie uur durende rit langs de westkust van India naar Amma's ashram. Zij hadden hun maaltijd aan boord beëindigd en de stewardess was hun dienbladen aan het opruimen. Plotseling werd het vliegtuig door een vreselijke turbulentie gegrepen; een heftig schudden, naar links en naar rechts, op en neer.

Vervolgens voelde de toegewijde haar maag zakken, terwijl het vliegtuig naar de aarde dook. Het vliegtuig daalde niet, maar viel gewoon in minder dan een minuut van een hoogte van 10.000 meter naar 6.000 meter. Toen was alles een kort ogenblik normaal. Net lang genoeg voor de passagiers om elkaar aan te kijken en een zucht van opluchting te slaken. En vervolgens schoot het vliegtuig in een duikvlucht.

De zuurstofmaskers kwamen voor de passagiers tevoorschijn, maar niemand pakte ze. De toegewijde en haar dochter keken op naar de stewardess in de hoop op een geruststellende blik. Wat ze zagen was regelrechte angst. Amma's kinderen begonnen te bidden.

En er kwam een soort vrede over hen. De dochter van de toegewijde herinnerde zich later dat ze geen angst voelde, toen ze uit het raam keek en de diepblauwe zee snel zag naderen. Tenslotte kwam het vliegtuig op 3000 meter boven de aarde weer horizontaal. Enkele minuten later klonk de stem van de piloot door de luidspreker. Een zenuwachtige opluchting klonk in zijn woorden door. "Alles komt goed. We verzoeken iedereen vriendelijk om te blijven zitten en om niet uit het vliegtuig te springen." De piloot heeft nooit uitgelegd waarom ze in een duikvlucht kwamen of hoe ze erin geslaagd waren om eruit te komen. Ze landden veilig zonder verdere incidenten.

Toen ze in de ashram aangekomen waren, gingen de toegewijde en haar dochter voor darshan naar Amma en vertelden haar wat er gebeurd was. Amma zei niets, maar hield hen extra lang en stevig tegen zich aan. Later vertelde Amma's begeleider, dat Amma in een afwezige stemming was toen ze voor de ochtenddarshan naar beneden kwam. Ze wiegde heen en weer en mompelde: "Zo veel geschud, zoveel geschud..." En ze had de naam van de toegewijde genoemd.

Zelfs in de objectieve realiteit is er zoveel wat Amma kan zien, maar wat voor onze ogen onzichtbaar is. Tijdens Amma's eerste wereldtournee bleef Amma op de avond van haar aankomst in Santa Fe de gehele nacht wakker. Ze vertelde de volgende ochtend dat ze veel subtiele wezens met een vreemd uiterlijk gezien had en dat ze gekomen waren om haar zegen te ontvangen. Toen haar gevraagd werd hoe ze eruitzagen, antwoordde Amma dat ze de romp van een dier en de benen van een mens hadden.

Nu was het zo dat er in een kamer van het huis waar Amma verbleef, een aantal beeldjes stonden die exact aan Amma's beschrijving voldeden. Hoewel de eigenaar van het huis ze als decoratie had neergezet, bleken het afbeeldingen van de goden ofwel *kachina's* te zijn. Deze worden aanbeden door plaatselijke Indianenstammen. Door Amma's commentaar begrepen de toegewijden dat deze kachina's niet gewoon decoratieve beeldjes waren, zoals de meeste mensen tegenwoordig denken, maar subtiele wezens die echt bestaan en door mensen met een subtiele waarneming gezien kunnen worden.

Ook heeft Amma haar diepe intuïtieve begrip van de spirituele traditie van India laten zien. Een voorbeeld is het volgende. Hoewel de gewoonten in India eeuwenlang verhinderden dat vrouwen aanbiddingsrituelen in tempels uitvoerden, heeft Amma zelf een nieuw type tempel en aanbidding ontworpen. Ze heeft in de afgelopen twintig jaar achttien van deze tempels ingewijd. Sommige brahmacharini's, onder wie westerlingen die normaliter niet eens toegang hebben tot het binnenste heiligdom van een tempel, hebben sindsdien geleerd hoe ze de traditionele rituele vormen van aanbidding in de tempel moeten uitvoeren. Toen hun opleiding afgerond was, zond Amma deze brahmacharini's naar verschillende plaatselijke ashrams. Destijds vroegen sommige mensen Amma welke richtlijnen uit de geschriften ze kon aanhalen om dit allemaal te ondersteunen. Amma antwoordde dat de autoriteit van de geschriften een gevolg is van de woorden van de mahatma's en dat daarom diezelfde mahatma's de autoriteit hebben om door de eeuwen heen de wijzigingen aan te brengen die noodzakelijk zijn om tegemoet te komen aan de behoeften van plaats en tijd.

Heer Krishna zegt in de *Bhagavad Gita* (2.46):

yāvān artha udapāne sarvataḥ saṁplutodake
tāvān sarveṣu vedeṣu brāhmaṇasya vijānataḥ

Voor de verlichte zijn de Veda's net zo nuttig als een waterreservoir wanneer er overal een overvloed aan water is.

Dit wil niet zeggen dat echte meesters de geschriften niet volgen of respecteren; maar ze hebben de geschriften niet nodig om zich te laten leiden. Ze hebben reeds de Allerhoogste Kennis, zoals deze door de geschriften beschreven is.

Vanuit haar universele gezichtspunt kan Amma makkelijk verder kijken dan de oppervlakkige verschillen tussen de religieuze tradities in de wereld. Daarom vraagt zij nooit aan iemand om van geloof te veranderen, maar wel om zich meer te verdiepen in het eigen geloof, om daarvan de essentiële principes te ontdekken en in overeenstemming daarmee te leven.

Tijdens een van Amma's Amerikaanse tournees liet de tourneestaf een uitgebreide verzameling liederen en dansen zien, die de belangrijkste religieuze tradities in de wereld vertegenwoordigden. Maar degene die een bepaalde religie zou vertegenwoordigen, was ziek geworden. Niemand merkte zijn afwezigheid op, maar toen de voordrachten voorbij waren, wees Amma erop dat een belangrijke religie ontbrak. Toen gaf ze, terwijl ze darshan aan het geven was, zelf een voorstelling en zong een devotioneel lied uit de ontbrekende traditie. Pas daarna was de verzameling van religies in de wereld compleet.

Meer dan twaalf jaar geleden, voordat de opwarming van de aarde en de toenemende disharmonie van natuurlijke ritmes een centrale plek in het algemene bewustzijn hadden, was Amma's inzicht in het functioneren van Moeder Natuur de basis voor haar waarschuwing dat de mensheid zijn huidige manier van doen niet zou kunnen volhouden. "Tegenwoordig regent het niet meer wanneer het hoort te regenen. Als het regent, regent het of te weinig of te veel en het regent te vroeg of te laat. Met zonneschijn gaat het op dezelfde manier. Mensen proberen tegenwoordig om de natuur te exploiteren. Daarom zijn er overstromingen, droogtes en aardbevingen en wordt alles verwoest."

Ze zag zelfs een verborgen oorzaak voor de toenemende disharmonie in de natuur. Ze legde uit dat de donkere wolken van zelfzuchtigheid, haat en boosheid in het hart van de mensen nog schadelijker zijn dan de zwarte rook die uit de fabrieken komt en dat niet alleen de daden van de mensen, maar ook hun gedachten en woorden een directe invloed op de natuur hebben. "Er is een enorme afname van de levenskwaliteit. Veel mensen hebben hun vertrouwen verloren. Ze voelen geen liefde en mededogen en de teamgeest van het hand in hand samenwerken ten bate van iedereen is verloren gegaan. Dit heeft een slecht effect op de natuur. De natuur zal al haar zegeningen terugnemen en zich tegen de mensheid keren. Als de mensheid zo doorgaat, zal de reactie van de natuur onvoorstelbaar zijn."

En ook nu nog zegt Amma dat de natuur erg geïrriteerd is. We zijn helemaal nog niet uit de problemen. Amma zegt dat de natuur, zonder een belangrijke verandering in het gedrag en de houding van de mensen, zal doorgaan met het aanrichten van een ravage. Ze vraagt haar toegewijden vaak om te bidden dat de koele, vriendelijke bries van goddelijke genade de donkere wolken van boosheid, haat en negativiteit in het hart van de mensen wegblaast.

Onlangs heeft ze een hele reeks concrete en praktische ideeën gesuggereerd, die gaan van het planten van bomen tot carpoolen, van het zuinig zijn met water en papier tot het recyclen van plastic. Haar toegewijden over de hele wereld zijn al begonnen met de uitvoering hiervan. Dit zal een enorm positieve impact op de natuur hebben en helpen bij het herstellen van de oorspronkelijke toestand van harmonie en de natuurlijke orde op onze planeet.

In Chidambaram, Tamil Nadu, staat een oude tempel die de ruime visie van Sanatana Dharma laat zien. In deze tempel krijgt men Gods darshan niet door het kijken naar een beeld, maar men gaat bij God naar binnen. In de tempel is een fysieke ruimte – *akasha linga* – die op zichzelf als een manifestatie van God beschouwd wordt. Als men deze ruimte binnenkomt, gaat men dus letterlijk bij God naar binnen, loopt men door God heen, ademt men God en voelt men het mysterie dat God daarbinnen en daarbuiten is. De tempel is een lering over Gods allesdoordringende natuur.

Vanaf het moment dat ze geboren is, is dit Amma's visie geweest. Amma zegt dat ze in de wereld kwam en duidelijk zag hoe alles in haar en om haar heen met God verzadigd is; hoe van binnen en van buiten, er niets anders is dan één allesdoordringend goddelijk bewustzijn.

Dit wil niet zeggen dat Amma de verschillen tussen planten, dieren, bomen, rivieren, sterren en mensen die bij haar komen en gaan, niet ziet. Amma ziet dit alles net zoals jij en ik, maar ze ziet ook hoe al deze schijnbaar van elkaar gescheiden dingen in feite één zijn, hoe de kleinste subatomaire deeltjes als het ware God en alleen God zijn.

Dit is het geheim achter de reikwijdte van Amma's mededogen. Die heeft geen grenzen, omdat er aan Amma's Zelfbesef geen grenzen zijn; haar Zelfbesef is allesdoordringend als de ruimte. In Amma's geest, is er geen grenslijn waar zij ophoudt en wij beginnen.

Deze non-dualiteit is Amma's visie. Het resultaat daarvan is dat Amma, als ze mensen ziet lijden, hen onmiddellijk helpt en troost. Waarom? Omdat ze hen niet als gescheiden van zichzelf ziet. Als ze iemand zonder huis ziet, wil ze hem een huis geven. Als ze iemand ziet die geen middelen heeft om een goede opleiding te volgen, dan wil ze hem een goede opleiding geven. Als Amma iemand ziet die geen voedsel heeft, dan wil ze hem te eten geven. Als ze iemand zonder liefde ziet, dan wil ze hem liefde geven. Voor Amma is de impuls om anderen te helpen net zo natuurlijk als het afvegen van de tranen die over haar eigen wangen rollen. Voor Amma is er geen verschil. Daarom dienen ware meesters als Amma de wereld. Daarom leven ze, zoals Amma zegt, voor hun leerlingen en toegewijden. Omdat ze alles en iedereen als zichzelf zien, stroomt hun liefde en mededogen onophoudelijk naar het gehele universum.

Tijdens een vraag- en antwoordsessie op een retraite afgelopen zomer zei een toegewijde argeloos tegen Amma: "Ik heb nog nooit ogen als die van u gezien. Ze lijken het hele universum te bevatten. Hebt u ooit nagedacht over uw ogen?"

Amma's antwoord was kort, lief en zeer diepgaand. "Ik zie mijn ogen door jouw ogen," antwoordde ze de vraagsteller. "Ik zie mezelf door jou heen."

Wij kunnen nooit echt begrijpen hoe het is om de wereld door de ogen van Amma te zien. Het is echter zonneklaar dat, waar Amma ook kijkt, ze meer ziet dan wij. Ze kijkt dieper in een situatie, in het hart van een persoon en in de oorzaak van het probleem dat aan de orde is. Ze ziet wezens die voor ons onzichtbaar zijn en ze ziet gebeurtenissen die zich aan de andere kant van de wereld afspelen. Ze kijkt verder dan dogma's naar de eenheid in het hart van de wereldreligies en verder dan culturele verschillen zodat ze alle mensen als één universele familie ziet. Ze doorziet leugentjes om bestwil, ze ziet verborgen bedoelingen en ze ziet de zuiverheid van hart. Ze ziet de handelingen en gedachten van haar toegewijden en leerlingen en kijkt door lelijkheid heen naar de innerlijke schoonheid van het onschuldige hart. Overal waar ze kijkt, ziet ze alleen maar God. Tenslotte ziet ze overal niets anders dan haar Zelf. Zo is het altijd geweest is en zo zal het altijd zijn.

Woordenlijst

Advaita – Letterlijk: "niet twee." Verwijst naar het nondualisme, het fundamentele principe van de Vedanta, de hoogste spirituele filosofie van Sanatana Dharma.

Amrita Kutiram – Het huizenproject van de Mata Amritanandamayi Math dat voorziet in woningen voor erg arme gezinnen. Tot nu toe zijn in geheel India meer dan 40.000 huizen gebouwd en weggegeven.

Amrita Vidyalayam – Lagere scholen die opgericht zijn en bestuurd worden door de Mata Amritanandamayi Math en die op ethische waarden gebaseerd onderwijs geven. Momenteel zijn er verspreid over India 53 Amrita Vidyalayam scholen.

Amritapuri – Het internationale hoofdkantoor van de Mata Amritanandamayi Math, dat gevestigd is in Amma's geboorteplaats in Kerala, India.

Ananda – Gelukzaligheid.

Archana – Aanbidding, verering.

Atman – Het Zelf oftewel het Bewustzijn.

AUM – (Ook Om) Volgens de Vedische geschriften is dit het allereerste geluid in het universum en het zaad van de schepping. Alle andere geluiden komen voort uit Om en lossen weer op in Om.

Bhajan – Devotioneel lied.

Brahmachari – Een celibatair levende mannelijke leerling die onder leiding van een meester spirituele oefeningen doet. Brahmacharini is het vrouwelijke equivalent.

Brahman – De uiteindelijke waarheid voorbij alle eigenschappen. De alwetende, almachtige, alomtegenwoordige ondergrond van het universum.

Darshan – Een ontmoeting met een heilige of een visioen van God. Amma's darshan wordt op een unieke manier gegeven in de vorm van een moederlijke knuffel.

Devi Bhava – "De stemming van Devi." De toestand waarin Amma haar eenheid met en haar identiek zijn aan de Goddelijke Moeder openbaart.

Dharma – Het Sanskriet woord dharma betekent: "dat wat (de schepping) ondersteunt." Over het algemeen verwijst het naar de harmonie in de schepping. Andere betekenissen zijn: rechtvaardigheid, plicht, verantwoordelijkheid.

Gopi – De gopi's waren de melkmeisjes in het dorp Vrindavan, waar Krishna zijn jeugd doorbracht. Ze waren vurige toegewijden van Krishna. Ze zijn het voorbeeld van de meest intensieve liefde voor God.

Jivanmukti – Bevrijding terwijl men nog in het lichaam leeft.

Jiva of **jivatma** – De individuele ziel. Volgens de Advaita Vedanta is de jivatma niet een begrensde individuele ziel, maar één met, en hetzelfde als Brahman. Naar het Brahman wordt ook verwezen als het Paramatma, de ene allerhoogste Ziel, die zowel de materiële als intelligente oorzaak van het universum is.

Jnana – Kennis.

Jnani – Iemand die God of het Zelf gerealiseerd heeft. Iemand die de Waarheid kent.

Kaurava's – De honderd kinderen van koning Dhritarashtra en koningin Gandhari. De zondige Duryodhana was de oudste van deze kinderen. De Kaurava's waren de vijanden van hun neven, de deugdzame Pandava's met wie ze in de Mahabharata oorlog vochten.

Mahabharata – Dit is een van de twee grote historische heldendichten van India. Het andere is de Ramayana. Het is een grote verhandeling over dharma. Het verhaal gaat grotendeels over het conflict tussen de deugdzame Pandava's en de ondeugdzame Kaurava's en over de grote oorlog bij Kuruks-hetra. Het bevat 100.000 verzen, is het langste heldendicht van de wereld en is rond 3200 voor Christus door de wijze Veda Vyasa geschreven.

Mahatma – Letterlijk: "grote ziel." Hoewel de term tegenwoordig breder toegepast wordt, verwijst mahatma in dit boek naar iemand die permanent rust in de kennis dat hij één met het universele Zelf ofwel Atman is.

Mata Amritanandamayi Devi – De naam die door haar leerlingen aan Amma gegeven is. Het betekent moeder van onsterfelijke gelukzaligheid. Vaak wordt het voorafgegaan door Sri om toegenegenheid aan te geven.

Mata Amritanandamayi Math (MAM) – Amma's spirituele en humanitaire organisatie. MAM's liefdadige en sociale hulpverlening overschrijdt alle grenzen van nationaliteit, ras, kaste en religie en heeft de aandacht van de wereldgemeenschap getrokken. In 2005 kende de Verenigde Naties een speciale adviserende status toe aan de MAM uit erkenning voor de noodhulp bij rampen en de grootschalige humanitaire inspanningen van de MAM.

Maya – Illusie. Volgens de Advaita Vedanta, veroorzaakt maya dat de jivatma zichzelf abusievelijk identificeert met het lichaam, de geest en het intellect, in plaats van met zijn ware identiteit, het Paramatma.

Mithya – Veranderend en daardoor tijdelijk. Het betekent ook illusoir en onwaar. Volgens Vedanta is de gehele zichtbare wereld mithya.

Onam – Oogstfeest in Kerala dat herinnert aan een gouden eeuw, toen het volk in perfecte harmonie leefde onder de welwillende regering van Koning Mahabali.

Pandava's – De vijf zonen van Koning Pandu en de helden uit het heldendicht de Mahabharata.

Paramatma – Het Allerhoogste Zijn.

Prasad – Een gezegende gave van een heilige of tempel, vaak in de vorm van voedsel.

Puja – Rituele of ceremoniële aanbidding.

Purana's – De Purana's proberen om de Veda's voor iedereen toegankelijk te maken door concrete voorbeelden, mythen, legenden, verhalen, levensverhalen van heiligen, koningen en belangrijke mannen en vrouwen, en door allegorieën en kronieken van belangrijke historische gebeurtenissen.

Rishi's – Zelfgerealiseerde zieners of wijzen die in hun meditatie de mantra's waarnemen.

Samadhi – Letterlijk: "Het ophouden van alle mentale veranderingen." Een transcendente staat waarin het individuele zelf verenigd is met het Allerhoogste Zelf.

Samsara – Cyclus van geboorte en dood.

Sanatana Dharma – "Het eeuwige pad van leven." De oorspronkelijke en traditionele benaming van het Hindoeïsme.

Satsang – Eenheid met de Allerhoogste Waarheid. Ook samenzijn met mahatma's, het luisteren naar een spirituele lezing of discussie en het deelnemen aan spirituele oefeningen in groepsverband.

Unniyappam – Traditioneel gebakken zoetigheid uit Kerala.

Vedanta – Letterlijk: "het einde van de Veda's." Verwijst naar de Upanishaden, die handelen over het subject van Brahman, de Allerhoogste Waarheid en over het pad om deze Waarheid te realiseren.

www.ingramcontent.com/pod-product-compliance
Lightning Source LLC
LaVergne TN
LVHW020352090426
835511LV00040B/3029